中國夢是什麼

《中國夢是什麼》編寫組　編著

編委會

　　中國夢是追求和平的夢。中國夢需要和平，只有和平才能實現夢想。天下太平、共用大同是中華民族綿延數千年的理想。歷經苦難，中國人民珍惜和平，希望同世界各國一道共謀和平、共護和平、共用和平。歷史將證明，實現中國夢給世界帶來的是機遇不是威脅，是和平不是動盪，是進步不是倒退。拿破崙說過，中國是一頭沉睡的獅子，當這頭睡獅醒來時，世界都會為之發抖。中國這頭獅子已經醒了，但這是一隻和平的、可親的、文明的獅子。

　　中國夢是追求幸福的夢。中國夢是中華民族的夢，也是每個中國人的夢。我們的方向就是讓每個人獲得發展自我和奉獻社會的機會，共同享有人生出彩的機會，共同享有夢想成真的機會，保證人民平等參與、平等發展權利，維護社會公平正義，使發展成果更多更公平惠及全體人民，朝著共同富裕方向穩步前進。

　　中國夢是奉獻世界的夢。「窮則獨善其身，達則兼善天下。」這是中華民族始終崇尚的品德和胸懷。中國一心一意辦好自己的事情，既是對自己負責，也是為世界作貢獻。隨著中國不斷發展，中國已經並將繼續盡己所能，為世界和平與發展作出自己的貢獻。

　　　　——摘自習近平在中法建交五十周年紀念大會上的講話

目錄
CONTENTS

第六章　中國夢，我的夢

INTRODUCTION 前言

二〇一二年十一月二十九日，在國家博物館這一極具象徵意義的地方，在新一屆中央領導集體參觀「復興之路」展覽現場，習近平總書記向全世界宣示了一個新的中國詞彙——中國夢。

他說：實現中華民族偉大復興，就是中華民族近代以來最偉大的夢想。

二〇一三年三月十七日，在十二屆全國人大一次會議閉幕式上，習近平主席代表新一屆黨和國家領導人，再次暢談「中國夢」。

他說：實現中華民族偉大復興的中國夢，就是要實現國家富強、民族振興、人民幸福。

話語一出，舉國熱議。大河上下，長城內外，人不分南北，地不分東西，都在談論「中國夢」。

「中國夢」，是什麼？

它是執政黨的一個夢想，也是整個中國共同的夢想！

它是中國共產黨新一屆中央領導集體「治國理政的新方略」，也是一個能在十三億中國人心中激起共鳴的目標！

它是一個熱情飛揚的發展願景，也是對中國特色社主義道路、理論、制度的詩意闡述！

它用老百姓的語言凝煉和概括了當代中國的核心價值，也對中國的未來進行了莊嚴而樸實的承諾！

它承載著百年的渴望和千年的理想，引領我們踏上新的圓夢的征程！

國家好，民族好，大家才會好。

「中國夢」以時代的強音、理論的強音，激發起十三億中國人民空前的奮鬥熱情和力量。

從二〇一二年初冬到二〇一四年暮春，歲月長河中不過是匆匆一瞬。

由新一屆中央領導集體領航的「中國號」巨輪，卻在全球化的洋流中劈波斬浪，華麗轉身，在中華民族偉大復興的航道上鑴刻下新的歷史標注。

十年的科學發展，十年的中國崛起，十年間由世界第六飆升到世界第二，為我們留下了豐富的經濟財富和制度遺產。

然而高速的發展、歷史的包袱和制度的慣性，也給我們留下了數不清的問題：

兩極分化、體制弊端、勞資糾紛、群體事件、生態惡化、道德滑

坡、官員貪腐、社會斷裂……

大至國際問題、民生問題、吏治問題、環境問題，小至醫藥問題、食品問題、拆遷問題、上學問題……

還有更深層的政治轉型、經濟轉型、社會轉型、文化轉型乃至國家轉型問題等等。

樣樣都不省心，樣樣都是挑戰。樣樣告訴我們：中國已經站在新的歷史起點上，這是實現中國夢、實現偉大復興的新的端點！

面對新形勢新任務，黨中央在對世情、國情、黨情深刻洞察和科學把握基礎上，提出一系列新思想、新觀點、新論斷。

權為民所用，情為民所系，利為民所謀，權為民所賦。

不走過去封閉僵化的老路，也不走改旗易幟的邪路。

改革開放只有進行時沒有完成時。

從盒仔飯、大盆菜、慶豐包子、一百六十元伙食費到「照鏡子、正衣冠、洗洗澡、治治病」；從「講實話、幹實事，敢作為、勇擔當，言必信、行必果」到「把群眾工作做實、做深、做細、做透」，「把人民利益維護好、實現好、發展好」；從「空談誤國，實幹興邦」到「實事求是，群眾路線，自力更生」……

改革發展穩定，治黨治國治軍，內政外交國防……闖新路、開新局，一個個重要部署有序展開。

五百多天的改革攻堅，幹成了一些「多年想幹而未幹成」的事情，不僅穩住了增長、推動了轉型、改善了民生，也為全面深化改革蹚出了新路。

　　二〇一三年十一月，被寄以厚望的中共十八屆三中全會通過了《中共中央關於全面深化改革若干重大問題的決定》，國際媒體評價「這份藍圖是中國執政黨近年來最具雄心的改革計畫」。

　　中國改革開放進程迎來又一個里程碑，「兩個百年」目標又跨出新的一步，中國夢又增添新的亮麗色彩。

　　面對世界經濟復蘇艱難、國內經濟下行壓力加大、多重矛盾交織的複雜形勢，經濟增長率下降的趨勢被扭轉，新的經濟增長點被發掘，中國經濟穩中向好。

　　國內生產總值比上年增長7.7%，城鎮居民人均可支配收入實際增長7%，農村居民人均純收入實際增長9.3%……

　　從經濟總量大國到人均GDP翻一番的小康社會，中國夢的實現，有了更加穩健的基礎。

　　正因為如此，二〇一四年三月二十七日，法國巴黎，中國國家主席習近平滿懷自信地告訴世界：

　　中國夢是追求和平的夢，中國夢是追求幸福的夢，中國夢是奉獻世界的夢。

一個全新的中國已站在世界的舞臺中央，用全球通用的語言，向世界各國講述中國正在發生的精彩故事。

沉睡百年，雄獅已醒。

這是一隻和平的、可親的、文明的獅子。它帶給世界的，不是威脅，而是機遇；它帶給自己的，不是昏睡，而是奮鬥。

中國夢是全體中華兒女的夢，是十三億中國人的夢，中國還有許多事情要做：

城鎮化，寬頻中國，絲綢之路經濟帶，將權力關進制度的籠子，逐步釋放制度紅利，解決發展與環境資源矛盾，「五位一體」建設「美麗中國」……

有夢就有思想，有思想就有目標，有目標就需要勤奮努力。

有夢想，有機會，有奮鬥，一切美好的東西都能創造出來。

這個世界只有想不到的，沒有做不到的！

我們共同享有人生出彩的機會，共同享有同祖國和時代一起成長與進步的機會。

中華民族與偉大復興的距離從未如此之近，只要我們頑強奮鬥、艱苦奮鬥、不懈奮鬥，就能迎來夢想成真的時刻。

第一章

中國夢，是什麼

根據時代的變化、國情的變化、世情的變化、民情的變化，提出適時的施政方略，是中國共產黨一以貫之的傳統。

黨的十一屆三中全會以來，黨的歷次重要會議時期，都有簡約、凝煉、深入人心的方略策籌：

從十一屆三中全會後的「改革開放」，十四大的「社會主義市場經濟」，十五大的「『三個代表』重要思想」，十六大後的「科學發展觀」，十七大的「和諧社會」，直到十八大，鮮花、掌聲和號角中響起的中國夢。

這是中國共產黨治國理政的新思想、新觀念，是以習近平同志為總書記的新一代中央領導集體面向二十一世紀前五十年提出的施政方略。

鄧小平曾經說過，我們共產黨人的最高理想是實現共產主義，在不同歷史階段又有代表那個階段最廣大人民利益的奮鬥綱領。

正是有了這些新方略、新策謀、新籌畫，中國共產黨才能夠團結和動員最廣大的人民群眾，萬眾一心，矢志不移走向改革開放，走向發展騰飛，走向中華民族偉大的復興！

一、時代方略

當前，世情、國情、黨情發生的深刻變化，對黨的執政方向、執政水準提出了更高的要求，中國需要與時俱進地提出施政方略，把握歷史機遇、應對各種艱難挑戰。

夢想，是一個國家和民族前行奮進的燈塔。

一個沒有夢想的民族，根本無法在世界民族的競爭中生存。

中國這樣一個人口大國，要想繼續在發展道路上有所作為，就要樹立自己的目標、堅定自己的夢想。

無論是漢語語彙還是西方語彙，「夢」與「夢想」都表達著人類最天真最無邪最美麗最可愛的願望，都表達著人類為實現美好願望而付諸行動的渴望，都表達著人類心中的願景和對未來的追求。

中國人對未來的追求和願景是什麼？是全面建成小康，是實現「富強、民主、文明、和諧」的社會主義現代化。

中華民族是一個富有夢想的民族，也是一個富有逐夢激情、勇氣、韌性和智慧的民族。

他們的夢想，亙古至今，穿越時空，深深熔鑄到中華民族的民族精神、民族性格之中。

中國人對未來的追求和願景是什麼？是全面建成小康，是
實現「富強、民主、文明、和諧」的社會主義現代化。

　　他們的夢想，凸顯於不同的歷史時期與時空境遇之中，成為中華
民族特定歷史階段民族夢想的主題。

　　世界歷史上，一個夢想變成一個活生生的現實，最突出的事例，
莫過於社會主義由空想到科學到實現的過程。

十六世紀，湯瑪斯・莫爾在《烏托邦》一書中提出了空想社會主義，又稱烏托邦社會主義（utopian socialism）的思想。

十九世紀初，盛行於西歐的空想社會主義發展到頂峰。聖西門創立了空想社會主義學說，傅立葉領導了空想社會主義運動，歐文進行了空想社會主義的社會實驗，他們對未來的理想社會提出了許多美妙的天才設想。

十九世紀四〇年代，馬克思、恩格斯以辯證唯物主義和歷史唯物主義，批判繼承了空想社會主義的思想成果，使社會主義從空想變成了科學。

二十世紀初期、中葉，列寧、毛澤東分別在蘇俄和中國領導了科學社會主義的實踐，成功建立了社會主義國家，實現了社會主義制度。

二十世紀後期、二十一世紀初期的中國，改革開放、市場經濟、科學發展，使社會主義表現出強大的生命活力，不斷改變著中國，改變著世界。

當前，世情、國情、黨情發生的深刻變化，對黨的執政方向、執政水準提出了更高的要求，中國需要與時俱進地提出施政方略，把握歷史機遇、應對各種艱難挑戰。

中國夢，在中國經濟社會轉型的大背景下，打開了一個新的發展想像和新的追求空間。

在一九四九年前的一百年時間裡，世界發生了兩次工業革命，命途多舛的中華民族因為外敵入侵與內戰不絕而錯過了。

第一次工業革命發生在十八世紀晚期，崛起的國家是英國，能源是煤炭，通訊方式是報紙、雜誌以及書籍，標誌性產業是鐵路、蒸汽機，生產方式是工廠機器生產代替作坊手工製作。

第二次工業革命是二十世紀早期，使美國、德國迅速崛起，能源是石油，通訊方式是電話、收音機、電視機，標誌性產業是電力、汽車，主要是汽車，生產方式是大規模流水線自動化機器生產。

美國學者傑瑞米·里夫金發現，歷史上數次重大的經濟革命都是在新的通訊技術和新的能源系統結合之際發生的。他發現，進入二十一世紀，新的通訊技術和新的能源系統結合將再次出現——互聯網技術和可再生能源將結合起來。據此，他認為，這一結合為第三次工業革命創造強大的新基礎設施，第三次工業革命正在興起。

在傑瑞米·里夫金看來，第三次工業革命最明顯的特點是，金磚五國（巴西、俄羅斯、印度、中國、南非）的崛起，可再生能源主要是太陽能、風能等廣泛應用，通訊方式是互聯網，標誌性產業是3D列印（三維製造），生產方式分散合作式、個性化、就地化、數位化生產。

根據前兩次工業革命的經驗，我們可以預見到第三次工業將帶來三個巨大的轉變：

一是批量化向個性化轉變。我們的服裝過去是大批量生產後，由顧客到商店購買，今後將發展成為根據顧客的需要訂做。這種訂做在今天會推高生產成本，但有了3D列印技術，成本的增加幾乎為零。

二是集中化向分散化轉變，特別是能源方面。數以億計的人們將在自己家裡、辦公室裡、工廠裡生產出自己的綠色能源，並在「能源互聯網」上與大家分享，這就跟我們現在在網上發布、分享消息一樣。

能源民主化將從根本上重塑人際關係，它將影響我們如何做生意，如何管理社會，如何教育子女和如何生活。

三是素質化向智慧化轉變。這個轉變現在已經逐現端倪，那就是工業機器人的大量使用。

我們曾經錯過了第一次工業革命和第二次工業革命的機遇。第三次工業革命的機遇，時不再來，時不我待，復興的中國必須通時達變，與時偕行，與時俱進。

歷史是一個百變的仙女，她在給予我們巨大機遇的同時，也給我們帶來空前的壓力。當前的中國，面臨著來自自身與外界的五重壓力：

一是「後金融危機時代」和主權債務危機持續發酵的壓力。

受此影響，西方主要三大經濟體──美國、日本、歐盟也正面臨著其帶來的四大困擾：

債務困擾。截至二〇一三年十月十六日美國的債務總規模已增長至16.7萬億美元，相當於美國全年國內生產總值；截至二〇一〇年歐盟特別是希臘的債務是其GDP的124.9%；至二〇一二年三月，日本債務已接近其國內生產總值的200%。

貨幣政策困擾。日本、美國紛紛實行寬鬆貨幣政策，導致美元、日元貶值，要命的是這種寬鬆貨幣政策目前暫時看不到頭。

就業困擾。美國現在的失業率達8%，日本為6%。

發展困擾。這些國家的經濟發展速度都降下來了，日本為2%、美國為2.2%。

在國際大環境下，在經濟全球化、區域經濟一體化的大背景下，中國的發展不可避免地受到後金融危機時代帶來的出口、匯率、通貨膨脹等困擾。

二是面臨傳統安全領域和非傳統安全領域的壓力。

過去，中國在領土、領海等傳統安全領域沒有什麼壓力。隨著「十二五」規劃中海洋大國、海洋強國戰略的提出，意味著中國要走向大海、走向深藍，由此而來的是一連串問題，諸如東海釣魚島問題、南海黃岩島問題等等。此外，如海嘯、地震、「非典」等非傳統安全領域也帶來巨大壓力。

三是面臨「中等收入陷阱」的壓力。

所謂的「中等收入陷阱」是指當一個國家的人均收入達到世界中等水準（國際公認的標準為人均GDP為3000-6000美元）後，由於不能順利實現經濟發展方式的轉變，導致經濟增長動力不足，最終出現經濟停滯的一種狀態。

　　巴西、阿根廷、墨西哥、智利、馬來西亞等發展中國家，在二十世紀七〇年代均進入了中等收入國家行列，但直到二〇〇七年，這些國家仍然掙扎在人均GDP 3000-5000美元的發展階段，並且見不到增長的動力和希望。

　　進入這個時期，經濟快速發展積累的矛盾集中爆發，原有的增長機制和發展模式無法有效地應對由此形成的系統性風險，經濟增長容易出現大幅波動或陷入停滯。大部分國家則長期在中等收入階段徘徊，遲遲不能進入高收入國家行列。中國已經到了必須認真研究這個問題的時候。

　　四是經濟結構轉型升級與經濟平穩增長的壓力。

　　早在一九九五年制訂「九五」計畫時，中國就提出要推進經濟的轉型升級，從「九五」到「十二五」，時間過去了十八年，中國的轉型升級取得了一些成績，但經濟結構不合理、經濟增長方式不科學的問題仍然沒有出現根本性的轉變。進入二〇一〇年「十二五」時期，中國已經到了非轉不可的時候，「這是一場非打贏不可的硬仗」。但是，轉型升級涉及速度問題，轉型升級的過程，就像開車變道一樣，變道前車輛保持適當的低速有利於看清道路、辨明方向。轉型升級必

然會放緩發展速度。

從二〇一二年開始，中國的經濟增長速度已經逐漸慢了下來。二〇一二年第一季度的增速為8.1%，第二季度降為7.6%，第三季度為7.4%，第四季度為7.9%；二〇一三年第一季度為7.7%。

一般來說，國內生產總值GDP每增加一個百分點就可以增加一百萬至一百二十萬的就業。經濟增速放緩，首當其衝的影響是民生之本——就業。

一方面要轉型升級，另一方面要保證就業，這是一個矛盾體，要保持高超的技術才能既推動轉型升級又確保民生之本。

五是如何啟動新一輪改革和解決中國發展動力不足的壓力。

經過三十多年的改革開放，改革已經從「摸著石頭過河」進入了「深水區」、攻堅期。在改革開放初期，無論是聯產承包制、鄉鎮企業改革還是股份制，都是由基層發起、「自下而上」式的改革。一項改革往往能夠找到普遍受益點，「存量」動不了可以動「增量」。到今天，各方面、各層次的利益相互交織、盤根錯節，改革的「增量」和「存量」已經形成聯動。

改革，簡單講就是利益關係的再調整。三十多年前開始的改革，主要是擺脫意識形態的束縛，現在的深化改革則是要打破利益格局的制約。改革難度有多大？李克強總理對中外記者說：觸動利益往往比觸及靈魂還難。

改革的靶子就是調整利益關係，打破階層固化、利益固化。改革的水很深，但再深的水也得蹚，因為它關乎國家的前途、民族的命運，別無選擇。

在歷史機遇的關口，在發輾轉型的躁動與深化改革的焦慮中，中國需要一個新的理念，重聚社會共識，實現發展的目標；需要激發新的動力引擎，加快發展步伐，跟上世界的潮流；需要一個新的方略，校正發展的方向，構建新的社會圖景；需要一個新的精神緯度，追問富強、振興、幸福和生活的意義。中國夢，應運而生。

二、發展願景

中國夢的背後，蘊藏著綿延已久的「家國天下」情懷，折射著內心深處的「命運共同體」意識，凝聚著「振興中華」的探索與奮鬥。

什麼是中國夢？

中國夢有哪些內涵？

廣東省省情調查研究中心的專項調查顯示，不同的人對中國夢有不同的理解：吃得安心、穿得隨心、住得舒心、活得開心、老了也不用擔心……林林總總回答的背後，都指向著一個總體的目標，即人民

幸福，體現出中國人傳統的國家、民族、個人的情懷。

——實現中華民族偉大復興的中國夢，就是要實現國家富強、民族振興、人民幸福。

環顧全球，有哪個民族，像中華民族這樣，歷經苦難與輝煌？有哪個國家，像中國這樣，在持續奮鬥中，始終堅持著同一個夢想？中國夢的背後，蘊藏著綿延已久的「家國天下」情懷，折射著內心深處的「命運共同體」意識，凝聚著「振興中華」的探索與奮鬥。

國家不富強，就會被欺侮；民族不振興，無以擔當世界責任。「國家富強，民族振興」不是重建「中央帝國」的威儀，再現「萬國來朝」的盛象；不是簡單地「夢回漢唐」，重尋昔日的榮光；也不是睡獅猛醒威懾四方。「國家富強，民族振興」是立足當下，內懷歷史，面向未來的前進之夢、進步之夢；是追求和平的夢、追求幸福的夢、奉獻世界的夢；是要讓發展中的中國經濟發展、政治昌明、文化繁榮、社會和諧，到本世紀中葉成為富強民主文明和諧的社會主義現代化國家。

國家富強、民族振興的標準是什麼？

GDP、原子彈、財政收入、外匯儲備……一個都不能少。總括起來就是三個方面的強大：一是國防，二是經濟，三是科技。

國防強大意味著國家強大。

元朝的成吉思汗、忽必烈，一代天驕，彎弓射大雕。他們生於馬

背，馳騁草原，全民皆兵，驍勇善戰，為戰爭而生，為生存而戰。國防力量強大，民族十分強大，最終成為中國的主宰。清朝的努爾哈赤和皇太極，帶領八旗子弟，鑄造了強大的軍事國防力量，一路從東北打入中原。這兩個朝代都因為它們無比強大的軍事力量，實現了國家富強。

經濟發展可以使一個國家實現國家富強、人民富裕的終極目標。一個國家的經濟如果衰敗，這個國家的人民就過不上幸福美滿的日子。中國自從改革開放以來，取得了舉世矚目的發展成就。人民高聲歌唱：我們唱著春天的故事，改革開放富起來。

以上海浦東新區為例，三十年前的浦東，人們靠捕魚為生，是一個「鄉下」地方。三十年後的浦東，成為國際化大都市──上海不可缺少的一部分，向整個中國，乃至整個世界展示出它的魅力。浦東新區成為了名副其實的「東方之珠」，驗證了經濟對一個地區、一個國家乃至整個世界的重要性。

科學技術是第一生產力。國家的科技實力，是衡量一個強國的標準。

二戰時期，美國和蘇聯憑藉著強大的科技實力，一下子躍到了世界頂級強國的行列，把其他國家遠遠拋於腦後。冷戰後，蘇聯解體，美國因其越來越強大的科技實力，成為世界第一強國，其他國家只能尾隨其後，無人能撼動它第一的位置。從「兩彈一星」到近幾年不斷發射衛星與載人航太飛船，中國科技實力不斷增強，漸漸脫穎而出，

邁入強國的行列。

國家富強與否、民族是否振興，老百姓也會有切身體會。

還記得前幾年的撤僑事件嗎？

「撤僑」，指的是一個國家的政府通過外交手段，把僑居在其他國家的本國公民撤回本國政府的行政區域的外交行為。撤僑的成功與否，與一個國家的綜合實力、在國際社會上的威信休戚相關。早在二〇〇六年，中國政府在所羅門群島爆發騷亂後所採取的撤僑行動，包括協助撤離非中國國籍的華人，就顯示其維護海外國民以至華人安全方面日益茁壯的大國實力和自信。

二〇一一年春，北非利比亞國內局勢動盪。有鑑於此，中國駐利比亞使館通過海、陸、空三種方式從利比亞撤離，此次撤僑人數多達三萬，是一九九一年海灣戰爭時美國撤僑人數的二十幾倍。

一位在吉爾吉斯斯坦工作的中國人說：「在外國求學與工作的中國人都少不了一種遠離家鄉的漂泊感，在當地安全局勢嚴重惡化的時候，在異國他鄉遭遇人身安全的威脅時，不安與無助也許是每個華人都必須面對的。這時祖國派來的撤僑專機不僅是對在利比亞華人人身安全的及時援助，更是在精神上給予了他們一種無可取代的安全感。及時的援助給在吉華人帶來雪中送炭的安全感，令他們對自己的祖國產生一種感激之情。祖國強大的一面充分展示出來，和吉爾吉斯斯坦的混亂局勢相比，對身為中國人的自豪感油然而生。」

二〇一四年三月八日，正是全國兩會召開的日子，馬來西亞航空公司MH370客機載著二百三十九人飛往北京，在凌晨二點四十分客機失聯，其中有一百五十四名中國人。失聯客機上乘客的生命安全牽動著全國人民的心。習近平總書記、李克強總理等黨和國家領導人多次指示要求全力開展搜救，並親自做有關國家領導人工作。中國動用了二十一顆衛星、十餘艘艦艇和數十架次飛機進行搜救。

三月二十四日晚上，馬來西亞方面宣布MH370在南印度洋墜毀，機上無一人生還。但中國仍沒放棄，搜尋力量不減，十二艘艦船、八架艦載直升機、三架固定翼飛機到達南印度洋海域開展搜尋，中國成為水面搜救主力。

強國是為了富民。沒有人民富裕，發展就不算成功；沒有人民幸福，復興就不算完成。

實現中華民族偉大復興，就是要讓中國人民有更好的教育、更穩定的工作、更滿意的收入、更可靠的社會保障、更高水準的醫療衛生服務、更舒適的居住條件、更優美的環境，讓我們的孩子成長得更好、工作得更好、生活得更好。

一語括之，就是要讓中國人民過上更加富裕、更有尊嚴的生活，實現每個人自由而全面的發展。

從整體看，中國夢是民族復興、國家強盛之夢；從個體看，中國夢是生活幸福、人生出彩之夢。

每一個人心中都有一個夢，都有追求幸福生活、享受幸福生活的權利。

　　其中最明顯的就是，十八大一閉幕，全體國民都對報告中的「美

　　每一個人心中都有一個夢，都有追求幸福生活、享受幸福生活的權利。

麗中國」寄予厚望。「美麗中國」不僅關乎國家發展、經濟轉型，更是關乎人民的生存環境。

為什麼？

原因很簡單，現在世界面臨著三大風險：第一是全球生態安全、氣候變化、經濟危機、社會衝突。第二是區域生態服務、資源枯竭、環境污染、生境退化。第三是人群生態健康、環境病加劇、適應能力降低、生態系統脆弱。

人民追求的幸福，不僅是物質層面的幸福，同時也希望在精神層面得到滿足。也就是說，現階段和未來中國的發展目標，除了經濟發展的硬指標，還有法治環境、人民權利、政府為公等軟環境，都是中國夢的必然組成部分，這一部分在人民心目中的分量，自改革開放以來，特別是進入二十一世紀以來，所占的比重越來越大。

追求目標的多樣化、全面化、人性化，最終指向一個總標靶──只有這個國家的絕大多數人都感到生活在這片九百六十萬平方公里的土地上是一件幸福的事情，中國夢才有意義。

從這個意義說，在中國夢的概念裡，國家富強、民族振興是中國夢的保障，人民的幸福和安康、社會公平、政治清明、法制健全、人民權利得到充分尊重和保障，才是中國夢的終極目的。

也正是從這個意義上說，中國夢是中國的國家夢，也是中華民族的民族夢，但最主要和最重要的是，她是包括海外華人在內的全體中

國人的夢。

三、道路選擇

　　走老路，中國必窮，是一條死路；走西化道路，中國必亂，同樣是死路一條。唯一的選擇是要走一條新路，也就是走中國特色社會主義道路。

　　中國真正進入全球化的座標體系，也就在這短短三十多年。

　　就是在這三十多年裡，我們寫下了讓世界驚歎的「中國故事」。

　　從硝煙彌漫的革命年代，到激情燃燒的建設歲月，再到波瀾壯闊的改革時期，在不斷探索和奮鬥中，我們形成和發展了中國特色社會主義道路。

　　習近平同志指出：實現中國夢必須走中國道路，這就是中國特色社會主義道路。實現中國夢必須弘揚中國精神，這就是以愛國主義為核心的民族精神，以改革創新為核心的時代精神；實現中國夢必須凝聚中國力量，這就是中國各族人民大團結的力量。

　　這就是實現中國夢的正確路徑。

　　這條通往夢想的道路，有著綿延的文化傳統、深層的現實基因。

沿著這條道路，我們科學把握了改革開放三十多年的偉大實踐，新中國進行了六十多年的持續探索，近代中國積累了一百七十多年的歷史經驗，中華民族承傳繼纘了五千多年的文明。深廣雄厚的歷史傳統和社會人文資源，將堅實地支撐我們遵循中國夢想之路，最終實現中華民族的偉大復興。

中國夢為什麼要走這樣一條道路呢？

中國走這條發展道路是歷史的必然選擇。

從鴉片戰爭開始，中國逐漸淪為半殖民地半封建社會，主權和領土被西方列強肆意踐踏，國內政治黑暗，山河破碎，民不聊生。著名維新思想家譚嗣同悲憤地寫道：四萬萬人齊下淚，天涯何處是神州。在這種背景下，要實現民族復興，首先必須實現民族獨立和人民解放。

中國共產黨領導中國人民反帝反封建，完成了這個歷史任務，建立了新中國，隨後完成社會主義改造，確立了社會主義基本制度。

走上社會主義道路的中國，取得偉大的建設成就，面貌煥然一新。但在探索實踐中，曾因極左思潮氾濫，我們也備受挫折。

路該怎麼走？船該怎麼行？唯一的出路就是堅持走中國特色社會主義道路。

路該怎麼走？船該怎麼行？

路該怎麼走？船該怎麼行？唯一的出路就是堅持走中國特色社會主義
道路。

　　走老路，中國必窮，是一條死路；走西化道路，中國必亂，同樣
是死路一條。唯一的選擇就是要走一條新路，也就是走中國特色社會
主義道路。以黨的十一屆三中全會為標誌，我們開始探索這條新路。
這條新路實際上也是被逼出來的，選擇之初，以「殺開一條血路」的
魅力敢為人先。

　　這條道路的內涵可概括為：一條基本路線，一個總體布局，一個

發展目標。

一條基本路線，即以經濟建設為中心、堅持四項基本原則、堅持改革開放的基本路線。這條路線反映了中國現代化建設的本質規律，是黨和國家的生命線。以經濟建設為中心是興國之要，四項基本原則是立國之本，改革開放是強國之路，是我們黨和國家發展進步的活力源泉，是發展中國特色社會主義的強大動力。堅持黨的基本路線一百年不動搖，就是堅持走中國特色社會主義道路不動搖。這是我們的事業經受風險考驗、不斷勝利前進的最可靠保證。「一個中心、兩個基本點」這條基本路線放在第一位，它決定了這條道路的路徑和方向。

一個總體布局，即中國特色社會主義經濟建設、政治建設、文化建設、社會建設、生態文明建設「五位一體」的總體布局。

總體布局的內涵是一個不斷發展的過程。黨的十五大、十六大明確了中國社會主義經濟建設、政治建設、文化建設全面發展的目標和政策，深化了對現代化建設總體布局的認識。十六大以後，黨提出了構建社會主義和諧社會的重大任務，使社會主義事業總體布局從「三位一體」發展為包括社會建設在內的「四位一體」。十八大增加生態文明建設，總體布局擴展為「五位一體」。

總體布局內涵的每一次擴展，都是黨對歷史任務、現實環境綜合判斷的結果，是黨對如何建設社會主義、建設怎樣的社會主義認識的發展。十八大增加的生態文明建設，充分體現了科學發展觀的要求。我們不但要GDP，經濟總量、居民收入增加的同時，我們還要綠水

青山，要多給子孫後代留一片藍天和綠水，給他們留下更多的資源，這樣才能有序發展。

一個發展目標，即促進人的全面發展，逐步實現全體人民共同富裕，建立富強民主文明和諧的社會主義現代化國家。

早在二十世紀五〇年代，毛澤東就提出，要調動一切積極因素，把中國建設成強大的社會主義國家。

改革開放初期，鄧小平從中國基本國情出發，設計了分三步走基本實現現代化的戰略目標。

江澤民在黨的十五大上對第三步戰略目標提出了「新三步走」的發展目標，即通過到二〇一〇年、建黨一百年和新中國成立一百年的三個發展階段，基本實現現代化，建設富強民主文明的社會主義國家。黨的十七大提出了實現全面建設小康社會奮鬥目標的新要求，同時把促進社會和諧作為現代化建設的重要內容，明確提出要建設富強民主文明和諧的社會主義現代化國家。

胡錦濤在紀念黨的十一屆三中全會召開三十周年大會上進一步提出，到我們黨成立一百年時建成惠及十幾億人口的更高水準的小康社會，到新中國成立一百年時基本實現現代化，建成富強民主文明和諧的社會主義現代化國家。

十八大的報告，將發展目標增加了促進人的全面發展，逐步實現全體人民共同富裕的角度。這兩點，是資本主義國家、資本主義社會

都不曾提出，也實現不了的目標，這是中國特色社會主義的本質和優越性的最生動體現。

　　一條基本路線、一個總體布局、一個發展目標，這三個方面相互聯繫、相輔相成，是一個有機統一的整體。其中，基本路線是總綱，是堅持和拓展中國特色社會主義道路的根本遵循；總體布局是基本內容，是堅持和拓展中國特色社會主義道路的具體展開；發展目標是宏偉藍圖，是堅持和拓展中國特色社會主義道路的努力方向。正是走上了這條道路，我們才贏得前所未有的黃金發展期，取得舉世矚目的發展成就。要實現中國夢，就必須繼續堅定不移地走這條路。

　　這條路之所以正確，關鍵在於有正確理論的指引。這個理論就是中國特色社會主義理論體系，整個體系包括以毛澤東思想為奠基的鄧小平理論、「三個代表」重要思想、科學發展觀以及十八大之後中國現代化實踐的理論總結。這一理論體系，既沒有丟掉老祖宗，又結合中國新實踐，以中國的情感、中國的意志、中國的思維和時代新話語，系統回答了當代中國的一系列重大問題。

　　不斷推進理論創新，不斷加強理論武裝；理論創新每推進一步，理論武裝就跟進一步。這使得我們這樣一個擁有八千萬黨員的大黨、十幾億人口、五十六個民族的發展中大國，有了科學正確的行動指南和團結奮鬥的共同思想基礎，能夠思想統一、步調一致，產生巨大能量和旺盛活力。這就是理論的威力和魅力。

　　做到這一點很不簡單。

思想僵化，黨和國家就會失去活力；思想西化，黨和國家就會走上歪路。兩者都會葬送我們的事業和前途。

　　我們在道路、理論兩個層面的探索和實踐成果，最終都要靠制度來落實和保障。

　　中國特色社會主義制度具有鮮明的特點和優勢，是當代中國發展進步的根本制度保障。

　　讓十幾億人實現共同富裕，這是人類歷史上從未有過的偉大構想和實踐，只有在黨的領導下、在中國特色社會主義制度下，才能提出來並付諸實踐。

　　中國特色社會主義道路、理論體系、制度三位一體，統一於中國特色社會主義偉大實踐，構成中國特色社會主義最鮮明的特色。實現中國夢，必須堅定這三種自信。

第二章

中國夢，為什麼

中國夢是十八大以後提出來的。

為什麼在這個時間點上提出中國夢？

中國夢是自近代以來一代又一代中國人的夢想：

自從帝國主義轟破國門，自從大清帝國急劇衰落，中國人民就萌生了國家富強、民族振興的夢想，期盼中國民殷國富，期盼中華自立自強。

直到今天，這個夢想仍然是中國人追求變革和進步的巨大思想動力。

今天，國家富強、民族振興的百年夢想已經進入實現的關鍵階段，中國夢的提出，既是歷史必然，也是現實需要；既是價值取向，也是戰略設計。

以夢想為主線，動員全國人民心往一處想、勁往一處使地追求夢想，可以增強人民群眾對中國特色社會主義道路的自信、對中國特色社會主義理論的自信、對中國特色社會主義制度的自信。

以夢想為紐帶，中國共產黨可以凝心聚力，領導全體人民為實現兩個「百年」的目標而奮鬥。

這是今天提出中國夢的全部理由。

一、歷史必然

　　歷史輝煌與近代苦難形成如此鮮明的對照，凸顯了中華民族偉大復興的雙重歷史意義：超越近代以來的苦難與衰敗去創造與我們的歷史相稱的時代輝煌。

　　中華民族的偉大復興有兩個基本的歷史前提：一是中華民族久遠的古代輝煌，二是近代以來中華民族的深重苦難。

　　因為前者，我們有資格談偉大復興；因為後者，我們有必要談偉大復興。

　　中國是世界歷史上唯一一個延續五千年歷史的古國，是世界歷史上唯一一個能在歷次危機中快速復蘇的大國，一個能夠在明明滅滅起起落落中走出衰敗走向復興的大國。

　　二〇〇六年中央電視臺播放的《大國崛起》，向公眾介紹了世界上九個大國先後崛起的經驗。九個曾經崛起的大國有葡萄牙、西班牙、荷蘭、英國、法國、德國、日本、蘇聯與美國。曾經一度橫行歐亞的葡萄牙、西班牙、荷蘭早就已經退出第一方陣，英國、法國、德國、日本雖然依然中興，但面臨著一系列問題。

　　再往前看，在資本主義興起之前，昔日與中國並駕齊驅的幾個文明古國──埃及、希臘、印度等幾乎曇花一現式地綻放，綻放之後就再也沒有孕育新的希望。

中國幾乎是唯一一個能長期不斷復興的民族，從西周時代的成康之治，到漢代文景之治、武帝極盛以及東漢時期的昭宣中興，到唐代貞觀之治、開元盛世，直到清朝中前期的康乾盛世。

西方學者指出，中國經濟總量世界第一的寶座直到一八九〇年才被美國搶去。

英國著名經濟史和經濟統計學家安格斯・麥迪森推測，從十七世紀末到十九世紀初，清王朝統治下的中國在經濟上的表現相當出色。一七〇〇年到一八二〇年，中國的GDP不但排名世界第一，在世界的比例也從22.3％增長到32.9％。與此同時，中國人口從占世界總量的22.9％增長到36.6％。麥迪森認為：「中國在之前近兩千年的時間裡一直是世界上最大的經濟體，但到了十九世紀九〇年代，它的這個位置被美國所取代。」他認為，中國GDP被美國超過的確切時間，是中日簽訂《馬關條約》的一八九五年。

臺灣著名歷史學家孫隆基在他的《鳥瞰中國千年史》中曾經指出：在北宋，國人已懂得燒煤煉鋼，大型企業雇傭數百名全職的產業工人，政府的軍工業聘用工人達八千名──這已經是重工業規模。

一〇七八年，華北鋼鐵業年產達一百二十五萬噸，而英國於一七八八年亦即工業革命之始才不過年產七點六萬噸。

唐朝對遠洋貿易只開廣州一埠，至北宋則另增杭州、明州、泉州等九個港口，礦冶、造紙業、制瓷業、絲織、航海業也高度發達。

南宋時期，稅收越來越依靠遠洋貿易，高宗時代曾占政府財政收入中現錢的20%。

然而，無知的大清皇朝，承襲中國數千年封建觀念，以天朝自居，誤以中國一切文物制度在他國之上，視外國為夷狄之邦（見李守的《中國近代史》），錯失了人類歷史上最偉大的兩次革新——第一次工業革命和第二次工業革命，以致中華民族自此百年衰落。

一八四〇年鴉片戰爭以來，清政府喪權辱國，割地賠款，國內民不聊生，災難深重，為世界各民族之最。

歷史輝煌與近代苦難形成如此鮮明的對照，凸顯了中華民族偉大復興的雙重歷史意義：超越近代以來的苦難與衰敗去創造與我們的歷史相稱的時代輝煌。

中華民族五千年來反復復興的歷史告訴我們，中國今天談「實現中華民族偉大復興」的中國夢不是一種臆想，而是歷史發展內在邏輯的必然趨勢。

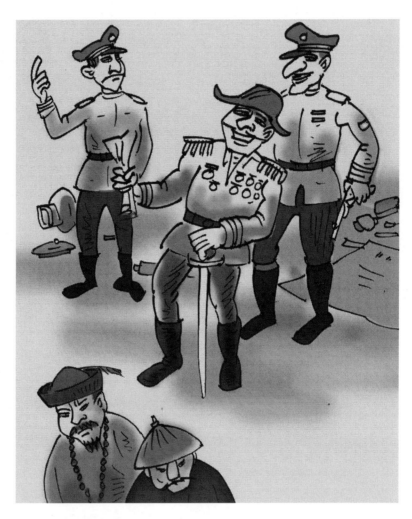

一八四〇年鴉片戰爭以來，清政府喪權辱國，割地賠款，國內民不
聊生，災難深重。

二、現實需要

> 我們今天和改革前的社會圖景相對比，階層差距的擴大、利益群體的固化等極大地刺激著人們的神經，洶湧的暗流攜裏著變幻不定的情緒……光靠以經濟發展為主軸的「增長共識」已經失去了令人激動的力量，必須尋找新的故事空間。

當今的中國，已經走到了轉型升級的關鍵時刻。

簡單地說，今天的中國經濟總量世界第二，社會問題層出不窮，發展潛力不甚明朗。如何平穩地度過這個階段，是當代執政者必須考慮的問題。綜合比較當今中國的發展階段與世界其他國家的歷史，我們發現，中國夢的提出，其實是一個大國社會經濟發展到一定階段的必然產物。

改革開放三十多年來走過的路子，特別是二十世紀九〇年代以來，我們已經很少去思考諸如幸福和諧、偉大復興這類形而上的話題。

改革之初，高舉「時間就是金錢，效率就是生命」的大旗，是當時時代的需要，是激發人們以經濟建設為中心的需要。時間過去了三十多年，這個口號在一定的空間維度裡仍然具有合理性，就解放和發展生產力的作用來說，它已經完成了幫助一代人轉變價值觀的歷史任

務。

就在全世界目瞪口呆地看著中國躋身為全球第二大經濟體時，中國社會內部卻出現了一些變數。憂慮、不安、不滿乃至怨恨的情緒正有意無意地侵蝕著社會的心靈。新加坡學者鄭永年稱，「當高樓大廈、大橋公路、高鐵機場等這些構成中國GDP載體的事物變得耀眼無比的時候，中國社會所賴以生存的制度基礎甚至細胞，則不僅得不到生長，而且被破壞得一塌糊塗」。

當然，這些社會性的病症，並非中國獨有，二十世紀六○年代的美國出現過同樣的病症。

羅伯特·甘迺迪競選總統時有一篇著名的演講。

他說美國的國內生產總值(GDP)確實驚人，數字接近八千億。但是，能夠以此為根據評判整個國家的狀況嗎？GDP還應算進去空氣污染、菸草廣告以及戰地救護車在血肉橫飛的戰場上穿梭的費用……他指責GDP，既不能保障孩子們的健康，也不能保障他們受教育的品質，甚至不能保障他們無憂無慮的快樂。他大聲告誡，GDP能衡量一切，但並不包括使我們的生活有意義的東西！

當時美國的人口大約是二億人，按人均來計算，美國的人均GDP為四千美元。後來這種情況在新興市場國家表現得更加突出，最典型的莫過於拉丁美洲的巴西、阿根廷，亞洲的泰國、菲律賓等國。

這種狀況最早被稱為「拉美陷阱」，後來被世界銀行定義為「中等收入陷阱」。

按照世界銀行的標準，二〇一〇年中國人均國內生產總值達到四千四百美元，已經進入中等收入偏上國家的行列。

像巴西、阿根廷、墨西哥、智利、馬來西亞等，在二十世紀七〇年代均進入了中等收入國家行列，但直到二〇〇七年，這些國家仍然掙扎在人均GDP3000-5000美元的發展階段，並且見不到增長的動力和希望。

「中等收入陷阱」這一階段，最突出的特點就是快速發展中積聚的矛盾集中爆發，自身體制與機制的更新進入臨界，很多發展中國家在這一階段由於經濟發展自身矛盾難以克服，原有的增長機制和發展模式無法有效應對由此形成的系統性風險，經濟增長很容易出現大幅波動或陷入停滯。

為什麼會出現這種狀況，特別是為什麼會出現社會的動盪與階層的進一步分化？

我們看到，美國、英國、德國、日本等已經成為現代化的發達資本主義國家，其政府、社會、經濟、文化等方面的發展是穩定、有序的。而那些陷入「中等收入陷阱」的困境國家，則屬於在現代化過程中的國家。

事實上，前者是處於「現代性」，後者則是「現代化」。「現代性」

孕育著穩定，而現代化過程卻滋生著動亂。

美國著名政治學家亨廷頓說：「無論是從靜態角度，還是從動態角度來衡量，向現代性進展的速度愈快，政治動亂亦愈嚴重。」

經濟發展刺激著城市化、識字率、教育和接觸傳播媒介的水準的提高，同時也提高了人們的願望和期待，如果這些願望和期待不能得以滿足，就會刺激個人和集團投身於各種運動，這一點在現代化早期階段尤其如此。

現代化是一個多層面的進程，它涉及人類思想和行為所有領域裡的變革。從心理的層面講，現代化涉及價值觀念、態度和期望方面的根本性轉變。從智慧的層面講，現代化涉及人類對自身環境所具有的知識的巨大擴展，並通過日益增長的文化水準、大眾媒介及教育等手段將這種知識在全社會廣泛傳播。從人口統計學角度來看，現代化意味著生活方式的改變、健康水準和平均壽命的明顯提高、職業性和地域性流動的增長，以及個人升降沉浮速度的加快，特別是和農村相比，城市人口迅猛增長。

城市化、工業化、世俗化、民主化、普及教育和新聞參與等，作為現代化進程的主要層面，它們的出現絕非是任意而互不相關的。

在一定意義上，現代化的過程其實就是一個社會動員的過程，通過它，「一連串舊的社會、經濟和心理信條全部受到侵蝕或被放棄，人民轉而選擇新的社交格局和行為方式」。

經濟發展刺激著城市化、識字率、教育和接觸傳播媒介的水準的提高，同時也提高了人們的願望和期待。

它意味著人們在態度、價值觀和期望等方面和傳統社會的人們分道揚鑣，並向現代社會的人們看齊。

分道揚鑣之後需要一個新的、更宏大的目標。

我們今天和改革前的社會圖景相對比，階層差距的擴大、利益群體的固化等極大地刺激著人們的神經，洶湧的暗流攜裹著變幻不定的情緒，很可能在某個時期加劇社會的焦慮、憤懣和失落，進而觸發新的行動。

在社會話語方面繼續擔起主導作用的執政者，顯然意識到光靠以經濟發展為主軸的「增長共識」已經失去了令人激動的力量，必須尋找新的故事空間。

這個目標是什麼？新的故事該往哪兒展開情節？

美國的甘迺迪說：「不要問你的國家為你做了什麼，而要問一問你為你的國家做了什麼。」

以習近平為總書記的中國共產黨新一代領導集體用了一個很詩意的詞——中國夢，並將其內涵闡述為「國家富強，民族振興，人民幸福」。

中國夢打開了新的故事空間。

三、價值取向

一個民族和國家的夢想，本質上就是一個民族和國家的價值追求，離開價值追求，我們無法理解一個民族和國家的夢想實質，也無法彰顯這一夢想所具有的價值引領作用。我們所積極宣導和培育的社會主義核心價值觀，便是中國夢的價值蘊含。

歷史上，每一次中國夢的背後都是當時面臨的信心危機，而信心危機的背後則是深刻的「中國意識危機」，或者說是價值觀的危機。

中國夢概念的提出，是解決人們對國家及自己前途信心危機的迫切需要，也是以新的價值理念凝聚民心、共聚民智，朝著一個清晰目標堅實邁進的迫切需要。

當前，我們正處在一個大發展、大變革的時代，隨著利益格局的不斷調整，社會生活日趨多樣化，社會意識更加多樣、多元、多變，這既為社會進步注入了活力，也帶來了社會思潮的紛繁雜亂。在利益格局高度分化的今天，人們的價值追求日趨多元化，反映到現實中，就是人們對利益的追求也越來越多元化、物質化。社會上一些人出現了信仰危機，出現了道德紊亂、人情冷漠、腐敗日甚等現象。

如果孤立地分析一個個案例，我們可以找到很多原因。但這些個案背後的原因，矛頭直接指向最深層的問題，那就是，我們當前缺乏

一種大眾普遍遵循的精神追求和價值標準，也就是通常意義上的核心價值觀。由於核心價值觀缺失，最終導致了一些人行為失規，制度失矩，道德失范，心理失衡。有鑑於此，不少人都在疾呼：「中國作為一個快速崛起的大國，必須盡快建立核心價值觀來統領人們的思想、凝聚人們的力量、引導人們的行動。」

有危機，才激發夢想；有夢想，才會有進步的動力。

解除「意識危機」出路在於確立主流意識。只有有了主流意識，社會才會有共識；有了共識，社會就會具有凝聚力。

一個能為社會的大多數所接受的主流意識可以幫助推進各方面的改革，可以幫助確立有效的政策來消化和解決目前所面臨的各種社會問題。

用什麼東西凝聚新的共識、主導我們的價值觀？

任何社會核心價值體系的形成，不是空穴來風，也不是任何個人「口占一絕」而來的，那是文化傳承和發展的結果。在長達兩千多年的中國封建社會中，中華民族形成了以「仁、義、禮、智、信」為核心的價值觀，保持了社會的總體穩定和諧。

隨著歷史的變遷、社會的轉型，中國傳統社會的核心價值觀已經不能適應時代的發展和需要。

辛亥革命時期，孫中山為代表的中國國民黨提出了「民有、民享、民治」新思維；五四運動則喊出了「打倒孔家店」的口號，提出

了「民主與科學」新主張。這些口號、主張在一定程度上可以算得上是重建中華民族核心價值觀的嘗試。

在新中國建立後，特別是改革開放後的三十多年，中國在價值觀的探索方面也付出了巨大的努力。

核心價值觀要為各種不同文化層次的群體接受，不能太高深、抽象、複雜，一定要貼近生活，貼近實際，貼近群眾。

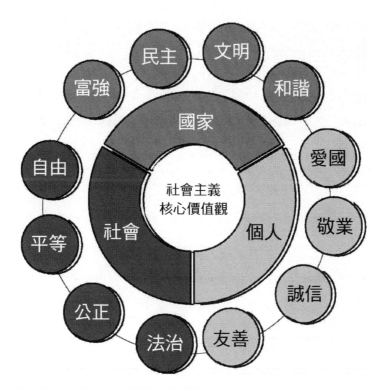

黨中央確定的社會主義核心價值觀：富強、民主、文明、和諧，自由、平等、公正、法治，愛國、敬業、誠信、友善。

因此，在表述核心價值觀時，不用官話、套話，不用長篇大論，要多用短句熟語，多用能打動民心的通俗口號，簡潔明快，琅琅上口，富有說服力和感召力，讓老百姓易懂易記，便於普及，易於踐行。

作為起著凝心聚力作用的核心價值觀，同時還得與國家的目標、人民的願景緊密相連。離開了國家的目標，核心價值觀成了無源之水；離開了人民的願景，核心價值觀也就成了無土之木。

一個民族和國家的夢想，本質上就是一個民族和國家的價值追求，離開價值追求，我們無法理解一個民族和國家的夢想實質，也無法彰顯這一夢想所具有的價值引領作用。

作為寄託一個民族和國家奮鬥目標、社會理想的民族夢想、國家夢想，唯其清晰可鑑、唯其美善相樂，才能夠引領一個民族和國家不斷向前。

中國夢，價值魂。努力建設中華民族的共同精神家園，培育和踐行社會主義核心價值觀，是實現中國夢的價值觀基礎。黨的十八大提出的「三個宣導」的二十四字社會主義核心價值觀，與中國發展要求相契合，與中華優秀傳統文化和人類文明優秀成果相承接，凝聚了全國人民的價值共識。

我們所積極宣導和培育的社會主義核心價值觀，與中國夢的價值蘊含天然地結合在一起。

中國夢回答了「我們所要實現的民族復興是怎樣的復興」這一重要問題。

在浩浩蕩蕩的世界潮流之中，我們要實現的復興，就是要建成「富強、民主、文明、和諧」的現代化國家，就是要讓中華民族的每一分子都能夠幸福地生活在一個「自由、平等、公正、法治」的國度，都「愛國、敬業、誠信、友善」，就是「每個人都有人生出彩的機會」。

管理學上有一個著名的「冰山法則」，其主要含義就是人的行為是其隱藏在內心的思維模式決定的，而思維模式又是其所持有的價值觀決定的。

當一種夢想能夠將整個民族的期盼與追求都凝聚起來的時候，這種夢想就有了共同願景的深刻內涵，就有了動員全民族為之堅毅持守、慷慨趨赴的強大感召力。

只有從這些角度出發，我們才能深刻把握「民族復興」的中國內涵、時代內涵、價值內涵，才能把每個個體不同的「小我」，凝聚到實現中華民族的偉大復興這一「大我」中，才能清楚揭示國家好、民族好、大家好之間的緊密關聯，而中國夢才能成為中國人的「美夢」，成為發揮動員全民族的感召力。

共同發展好，中國夢的實現將為世界各國提供更多機遇。

四、戰略設計

> 中國夢提供了一條用世界語言講述中國復興故事的新路子，用「夢」、「實現夢想」，而不再是用「龍」、「騰飛」這種讓西方世界聽起來覺得害怕的語言與世界溝通。中國夢向外界表達的是中國的發展就像美國人有美國夢、法國人有法國夢一樣。

新中國成立後，我們就確立對外交往的「和平共處五項原則」，但隨著中國經濟的發展，國力的強大，外界都在問「中國想幹嗎？」如何更好地向世界傳遞中國的發展目標、發展方式、發展戰略，是擺在當代中國領導人面前的一道難題。

經過改革開放三十多年的快速發展，中國經濟總量已經位居世界第二。面對中國的塊頭不斷長大，有些人開始擔心，也有一些人總是戴著有色眼鏡看中國，認為中國發展起來了必然是一種「威脅」，甚至把中國描繪成一個可怕的「墨菲斯托」，似乎哪一天中國就要攝取世界的靈魂。儘管這種論調像天方夜譚一樣，但遺憾的是，一些人對此卻樂此不疲。

二〇一四年三月二十八日，德國柏林，習近平總書記在德國科爾伯基金會的演講中說，中國已經確定了未來發展目標，這就是到二〇二〇年國內生產總值和城鄉居民人均收入比二〇一〇年翻一番、全面

建成小康社會，到本世紀中葉建成富強民主文明和諧的社會主義現代化國家。我們形象地把這個目標已經概括為實現中華民族偉大復興的中國夢。

中國夢提供了一條可供選擇的道路，用「夢」、「實現夢想」，而不再是用「龍」、「騰飛」這種西方世界聽起來覺得害怕的語言與外面溝通。

人類的夢想總是相通的，讓世界瞭解中國夢，可以減少中國崛起的阻力，加深世界對一個真實中國的瞭解。

我們可以將中國夢解讀為：當代中國的執政者謀求以友善的姿態融入世界的戰略選擇。通過向世界講述「夢」的目標，講述中國人民為「圓夢」所付出的各種艱辛、努力。中國夢向外界表達，中國的發展是中國人的權利，也是中華民族的權利，當世界各國都在講人的權利的時候，實現中國夢也正是中國人應有的權利。

二十世紀末期，隨著中國經濟的快速發展，國際上對中國崛起的擔憂就從未停過，最典型的例子就是宣稱「二十一世紀是中國的世紀」。結合中國幾千年來的歷史，外界特別是周邊國家都加強了對中國崛起的戒備。

二〇一〇年十一月十六日，英國《金融時報》發表了記者馬丁・沃爾夫的文章，題為《中國的崛起將是和平的嗎？》。

文章寫道：中國是個新興的超級大國。根據大企業聯合會發布的

一個令人驚歎的統計數字，按購買力平價計算，中國二〇〇九年的國內生產總值（GDP）為美國的80%。

要知道，在一九七八年，中國人均GDP僅為美國的3%；到二〇〇九年，這一比例已接近20%。按照當前兩國的相對增長速度，以購買力平價計算，到二〇一四年，中國經濟的絕對規模將超過美國，成為世界第一大國。就算按市場價格計算，中國的GDP在十年內可能會超過美國──部分是因為中國經濟的快速增長。

在西方國家的不少人眼中，不管以什麼方法衡量，中國不久都將取代美國成為世界第一大經濟體。大約從一八九〇年以來，美國就一直把持著這個位置。就此看來，這一轉變的速度之快，甚至超過了高盛在其著名的首份「金磚四國」（注：BRIC，包括巴西、俄羅斯、印度和中國，後來增加了南非，變成了BRICS）報告中所做的預測。

馬丁‧沃爾夫在報導中說：我在此想要探討的問題是，這一劃時代的轉變對世界將意味著什麼？首先，我們不僅正在目睹美國自詡為「唯一超級大國」的短暫時期的結束，從更廣泛的意義上說，我們也正目睹延續多個世紀的西方主導地位的終結。今後幾十年內，相對衰落的西方將不得不與世界其他地區合作。這是好事，但也將帶來許多重大挑戰。

中國的快速發展、迅速崛起，已經是不爭的事實。但如何用世界語言講述中國崛起、復興的故事？如何讓世界放心，中國的復興不會危及他們的利益？在南海，我們周邊不少國家都在有意無意地散佈中

國「霸權」的謠言。

雖然我們在對外的宣傳中，經常宣稱始終不渝走和平發展道路、始終不渝奉行互利共贏的開放戰略、堅持和平發展，但外界對此都是持將信將疑的態度。

中國夢沒有意識形態色彩，超越意識形態束縛，就能更好地促進中國融入世界，真正成為世界大家庭中有尊嚴的一員，通過和世界各國的融合，實現「強國夢」，最終實現中華民族的偉大復興。

中國夢對世界意味著什麼？我們的回答是：實現中國夢，給世界帶來的將是和平、是發展、是合作，是更多機遇，而絕不是什麼威脅。與世界同分享，是中國夢獨具特色的重要內涵。

從「入世惠及中國，也惠及世界」到「同一個世界，同一個夢想」，日益融入世界經濟的中國，在與各國的交流合作中，始終追求良性互動、互利共贏。

二○一二年，中國貿易總額為三萬八千六百六十七億美元，成為全球貿易規模最大的國家。今後五年，中國還將進口十萬億美元左右的商品，對外投資將達到五千億美元，出境遊有可能超過四億人次。這一切必將為全球經濟發展注入強勁活力。

無論是開放市場、引進技術、吸引投資，實現三十多年來日新月異的跨越式發展，還是積極參與全球經濟治理，共同抵禦亞洲金融風暴和國際金融危機，中國都著眼於取長補短、合作共贏，把世界的機

遇轉變為中國的機遇，把中國的機遇轉變為世界的機遇。

在國際事務中，中國宣導不同文明開展對話、彼此包容，推動不同社會制度和發展模式相互借鑑、共同發展，未來的道路上，中國夢必將進一步煥發出中華文明的獨特魅力。

中國夢是和平之夢、和諧之夢，中國夢的實現將為世界各國提供更多機遇。

「萬物並育而不相害，道並行而不相悖。」中國夢是法國、美國的機遇，法國夢、美國夢也是中國的機遇。

中國人素有珍愛和平、崇尚和諧、開放包容的歷史傳統，怕動盪、盼和平、謀發展。

通過宣傳脫離了意識形態色彩的「大國夢」，消除一些國家對中國發展產生的戒心。正如習近平所說：「中國發展壯大，帶給世界的是更多機遇而不是什麼威脅。我們要實現的中國夢，不僅造福中國人民，而且造福各國人民。」

實現不含意識形態色彩的「大國夢」，要求我們全方位同各個國家和地區盡快找到「利益匯合點」；通過發展，與各國和地區逐步構建「利益共同體」，為中國贏得有利於發展的外部環境。

第三章

中國夢，怎麼樣

「中國夢，是什麼」告訴我們，中國夢是個什麼東西，什麼樣子，什麼內容。

「中國夢，為什麼」告訴我們，為什麼要提中國夢，為什麼這個時候提出中國夢，中國夢的意義在哪裡。

「中國夢，怎麼樣」則要告訴我們，中國夢有怎麼樣的內涵、實質？

植根在「兩個百年」的總體設計中，中國夢的偉大夢想，是一種精神動力，能激發民族的創新與創造；是一個文化的傳承，涵蓋著對「文化中國」的想像；是對改善生活的渴望，表達了人民的利益。

中國夢不僅是國家夢、民族夢，不僅是歷史夢、時代夢，也是人民的夢，每一個中國人的夢。

一八四〇年鴉片戰爭後，中國逐漸淪為半殖民地，開始了屈辱的歷史。

與屈辱同時開啟的，還有民族復興的偉大夢想。

從這個階段開始，中國人開始了步向「中華民族偉大復興」的夢想的偉大探索：太平天國運動、洋務運動、戊戌變法、辛亥革命、抗日戰爭、建立新中國、改革開放……

一百六十多年的時間裡，我們經歷多少苦難與艱辛，每一次探索都推動中國夢走向實現，每一次探索都縮短了我們與中國夢的距離。

這一過程，可以概括為「兩個百年」、「兩重任務」。

「兩個百年」，就是實現中國夢的兩個歷史階段。

第一個百年，從一八四〇年鴉片戰爭到一九四九年新中國成立。這個百年，是從無路可走，到找到復興之路，實現國家獨立、民族解放的歷史。這是民族復興的第一個階段。

第二個百年，是從一九四九年新中國成立到二十一世紀中葉，在新中國建立一百年的時候，完成鄧小平同志提出的中國現代化第三步發展戰略目標，建成富強民主文明和諧的社會主義現代化國家，實現中華民族的偉大復興。

現在，我們就是處於完成第二個百年任務的階段。

「兩個百年」的表述，指明了中國夢的階段性目標。

第一步到中國共產黨成立一百年的時候，全面建成小康社會，這算是初步復興。這個目標是，國內生產總值和人民的收入都翻一番，國內生產總值翻一番就是從二〇一〇年的三十九點七萬億元翻到八十萬億元，居民收入翻一番，人均GDP到二〇二〇年大概是接近六萬元，居民可支配收入可以達到二點五萬元。兩個倍增，兩個翻番，最重要的是居民收入的倍增。按照韓國和日本的經驗，一個國家要崛起，一個國家要復興，人民要幸福，最主要的是收入能否倍增。

　　以建黨百年為目標，推進實現中國夢，具有重大意義。黨史專家稱，從建黨說起，也表達了一個更深刻的含義，就是只有在中國共產黨成立以後，才使中國夢的實現有了可能。

　　第二步到新中國成立一百周年的時候，建成富強、民主、文明、和諧的社會主義現代化國家，這一階段可以稱為基本復興。其目標是什麼？有分析稱，中國的GDP總量在一八二〇年的時候曾經占到世界的33%。一八二〇年是清代康乾盛世之後，經濟發展還算比較快，這是中國實力的最高階段，之後就開始沒落了。新中國成立後的頭三十年，即在改革開放前夕，中國的GDP占全世界的4.6%。經過三十多年的改革開放達到了10%。現在世界銀行預計我們二〇一六年會占到18%，二〇二〇年全面建成小康社會的時候會達到25%，二〇三〇年的時候恢復到33%。美國著名的戰略研究機構蘭德公司已經開始研究二〇三〇年中國會是什麼樣。

　　其實，在這「兩個百年」概念中，我們可以分解出更多的「百年」：建黨一百年、建國一百年、改革開放一百年……每一個「百年」

的目標都說明，實現中國夢是一個長期奮鬥、接續奮鬥的歷史過程。

昨天的夢想，在今天變成了現實；今天的夢想，到明天就變成了現實。

一、精神動力

中國夢的提出，就是把中國特色社會主義共同理想的基本內容全部涵蓋在裡面，用人民群眾喜聞樂見、能夠聽得進去、記得住的話語表達出來，這是更加能激發中國社會奮勇前行的一種精神力量。

實現夢想，需要凝聚力量。凝聚力量，需要行動共識。在利益多元化、思想多元化的今天，如何達成共識、凝聚力量？

中國社會歷史經驗告訴我們，中國人在一起容易一盤散沙，我們該用什麼東西把大家集中起來？過去年代，我們靠的是一些「左」的思想來凝聚大家，但這一套現在行不通了。

中國夢則是一個很好的切入點，特別適合年輕人，因為年輕人愛夢想。中國的未來這一代、下一代，能不能有一種民族自豪感、能不能有凝聚力，繼續走好中國特色社會主義道路，中國夢可以起凝心聚力的作用。

阿里巴巴創始人馬雲在談到管理心得時曾說過，千萬不要相信你能統一人的思想，那是不可能的，百分之三十的人永遠不可能相信你。不要讓你的同事為你幹活，而讓他們為我們的共同目標幹活。團結在一個共同的目標下，要比團結在一個人周圍容易。

中國夢凝聚了全國人民的價值共識

利益是人奮鬥的動力，但利益不能成為我們奮鬥的目標和追求。

當前，理想、信念、目標這些涉及人生觀、價值觀、世界觀內涵的東西在一些人，特別是年輕人中比較迷茫，甚至不少人都聲稱自己沒有太多的信仰。

改革開放三十多年，中國社會發展很快，很多人有錢了，但見諸媒體報導的資料均顯示：沒掙到錢的人，他心裡面感到難受；掙到錢的人，心裡面也不太高興。為什麼會出現這種悖論？核心在於我們奮鬥過程中缺少夢想和追求。

管理學上有一個典型案例，同樣是砌磚，如果你把它當作一種謀生的活計，為砌磚而砌磚的話，那麼你會越幹越沒勁、越幹越單調，因為都是簡單的重複勞動，讓人難受。但如果你把它看成是在為一幢宏偉的建築添磚加瓦時，你會越幹越有熱情、越幹越有夢想、越幹越能把自己的主動性和積極性激發出來、融入進去。夢想對我們的奮鬥至關重要。

其實，中國社會並不是沒有共同理想，中國特色社會主義就是中國社會的共同理想。但是，我們也應實事求是地承認，中國特色社會主義共同理想這樣一種表述方式比較抽象化，也比較有一種意識形態味道。

對於很多普通的老百姓來說，中國特色社會主義的共同理想離自己太遠了，尤其對現在那些「80後」、「90後」，甚至「00後」的年輕人，這種表述太抽象了，脫離了時代的背景，讓人難以理解。

如果不能用大家喜聞樂見、聽得進去、記得住的話表達出來，好東西也會變為不好的東西。

中國夢的提出，就是把中國特色社會主義共同理想的基本內容全部涵蓋在裡面，用人民群眾喜聞樂見、能夠聽得進去、記得住的話語表達出來，這是更加能激發中國社會奮勇前行的一種力量。

中國夢能激發民族的創新力、創造力。現在中國在世界上的競爭，最弱的一項就是創新能力、創造能力，這可能跟我們漢朝以來過於推崇孔孟之道有關。孔孟之道不主張超越、創新，強調一代跟著前一代的腳印來做。中國夢的概念給予我們創新的力量。夢什麼都可以，它應該說對啟發大家的創新能力、放眼未來有很好的觸發作用。

中國夢也拉近國家、民族與老百姓個體之間的心理距離。

中國夢給中國社會的奮鬥賦予了很深遠的意義。

中國夢能增強民族的凝聚力。

從語言學的角度分析，中國夢也是一種成功的政治動員手段。

政治家發動群眾、動員群眾的語言，最突出的特點就是既要嚴肅，又要活潑；既要有權威，又要通俗；既能打動人心，又能有效控制，甚至使用模糊語言。

語言風格在一定程度上也反映著一個人的人生觀和處世哲學。使用老百姓日常語言作為政治宣言，代表著這一代領導人的施政風

格——從群眾中來到群眾中去。黨的十八大以來，無論是習近平同志論反腐時說的「打鐵還需自身硬」、「把權力關進籠子裡」、「老虎蒼蠅一起打」，還是李克強在記者招待會上說的「喊破嗓子不如甩開膀子」等表態都凸顯了這一風格。

中國夢三個字，在語言學的角度看，語氣鏗鏘有力；從語意學的角度看，中國夢更加生活化、市民化，具有很強的包容性。

中國夢不僅僅是中國共產黨自己的夢，也是全體中華兒女的夢；是提煉最大公約數、最能引起廣泛共鳴的夢。

中國夢，是中國人皆可以有的夢。

第一，它不分階級、階層的，富人可以做，窮人也可以做；白領可以做，藍領也可以做；知識份子可以做，沒文化的人也可以做；當官的可以做，普通市民也可以做。

第二，它不分政黨的，共產黨人可以做，其他黨派、無黨派人士也都可以做。

第三，中國夢是多元性，領導人希望中國變成世界強國，這固然是中國夢；老百姓希望中國變得更富裕，衣、食、住、行、育、樂變得更舒適，社會更平等，更有正義，也是中國夢；知識份子希望中國變得更現代，更民主自由，又何嘗不是中國夢？

中國夢可以像一個萬花筒，不離中國這個筒，但可以有百般圖案，千般花樣，老少咸享，男女咸樂，因此活力無限。

第四，多元性並不否定共通性。大家都希望中國變好，自己的生活也變好，有希望有盼頭，蒸蒸日上，而不是相反。這就是共通性。

中國夢以其包容性、多元性、共通性，中國夢把中華兒女團聚一起，共同奮鬥。這個奮鬥目標，不是虛無縹緲的烏托邦，而是與國家和個人可實現的需求願景緊緊結合在一起，給個人與國家之間找到了一個信念和理想的共同訴求點。

二、文化傳承

不同的夢想背後，反映了不同的國情、不同的歷史、不同的文化。「天下大同」是中國優秀傳統文化的精髓，也決定了中國夢是國家的夢、民族的夢和人民的夢；是個人之夢的集合、是共同的夢。如果說美國夢體現了美國文化和美國的國民性格的話，那麼中國夢則充滿著中華文明「家國天下」的理性光輝。

不同的夢想背後，反映了不同的國情、不同的歷史、不同的文化和不同的條件。

中國之所以為中國，就在於幾千年的中華文化。中華文化元素、中國人的價值觀念、中國人處理問題的方式、中國人思考問題的方式

等，都是中華民族最獨一無二的特色。中國夢是對中國優秀傳統文化的現代傳承、發揚和演繹。

「天下大同」是中國優秀傳統文化的精髓，也決定了中國夢是國家的夢、民族的夢和人民的夢；是個人之夢的集合、是共同的夢。「國家好，民族好，大家才會好。」

中國人最早曾有過一個小康夢。西漢戴聖編著的《禮記‧禮運篇》給我們描繪了「天下大同的小康夢」。它寫道：「大道之行也，天下為公。選賢與能，講信修睦。故人不獨親其親，不獨子其子，使老有所終，壯有所用，幼有所長，矜寡孤獨廢疾者皆有所養，男有分，女有歸。貨惡其棄於地也，不必藏於己；力惡其不出於身也，不必為己。是故謀閉而不興，盜竊亂賊而不作，故外戶而不閉。是謂大同。今大道既隱，天下為家，各親其親，各子其子，貨力為己，大人世及以為禮，城郭溝池以為固，禮義以為紀，以正君臣，以篤父子，以睦兄弟，以和夫婦，以設制度，以立田裡，以賢勇智，以功為己。故謀用是作，而兵由此起。禹、湯、文、武、成王、周公由此其選也。此六君子者，未有不謹於禮者也。以著其義，以考其信。著有過，刑仁講讓，示民有常，如有不由此者，在勢者去，眾以為殃。是謂小康。」

這就是中國夢內涵的古代的一種現實表現。

文化是民族的血脈，是人民的精神家園。回顧浩蕩歷史，展望無盡前程，中華民族的偉大夢想必然少不了一個強大的「文化中國」之夢。

做夢都想有一塊自己的土地。

中國古代農民的夢想就是：擁有一塊屬於自己的田地。

　　強大的「文化中國」之夢不是抱守祖宗留下來的東西做井底之蛙，盲目陶醉，而是要與時俱進，不斷進行文化創新和文化展示。歷史上，我們也曾豪情萬丈地宣稱要借鑑一切人類文明的先進成果。

文化的核心是思想，是精神。要想實現文化的復興，必須要有自己的眼光和看法，而不是以別人的邏輯作為自己的邏輯。

復興中國文化的一個重要內容，就是弘揚中國優秀傳統文化，弘揚自強不息的中華民族精神，通過有效的手段把傳統文化資源改造成為向世界展示的文化軟實力，從而張揚我們的文化主權，凸顯中國文化的感召力。

一個文化只有善於學習才有未來，要想實現文化的復興，需要以我為主去吸收消化外來文化。這種學習，不是近代那樣的「實用主義」、「拿來主義」，而是學習外來文化中具有普遍積極意義的內在精神，以此來充實自己的文化。在進一步與全球各民族優秀價值的融合中，不斷增進世界對中國的文化認同。

說起中國夢，人們很自然就會想起美國夢。

——什麼是美國夢？

——中國夢跟美國夢有何不同？

——如何借鑑美國夢的經驗助推實現中國夢？

美國夢是一九三一年美國歷史學家亞當斯首先提出來的概念。

美國夢指的是一個人無論什麼背景，只要通過個人奮鬥，就能實現自己的夢想。

如果你這輩子過不上好生活，你的努力也不會白費，因為你的下

美國夢的個性解讀：改變自己及其子孫後代的命運。

一代會比你過得更好。家境貧寒的人可以做到富可敵國，出身草莽的
人可以位居高官。

華裔移民初到美國只能從事餐飲、洗衣等體力勞動。但他們的下一代則有很多人成為科學家、醫生、律師、商人或政府官員。

　　在一定程度上，美國夢，不僅僅是美國人自己的夢，也是其他國家的人做的美國夢，尤其是世界各地準備或者已經移民到美國的人的夢想。

　　美國夢之所以注重個體奮鬥，很重要的一個因素就是美國是一個沒有歷史的民族、沒有歷史的移民國家。

　　沒有歷史的國家，就沒有包袱，它可以在一張白紙上畫最新、最美的圖畫。

　　美國現在在國際上的國際地位、國際實力又決定了它是一個沒有受過世界其他國家和民族欺負的國家。

　　在這樣一種背景下，個人奮鬥是理所當然的、最自然的選擇。

　　美國夢是物質的，同時也是精神的。

　　《獨立宣言》提倡人人生而平等，擁有造物者賦予的不可讓渡的權利，即生命、自由和追求幸福的權利。這在很大意義上來說，也是美國夢的一種表現。

　　十八世紀殖民地時期維吉尼亞州的州長曾經指出，在美國人看來，遙遠的未涉及的土地永遠比他們已經擁有的土地要好。即使他們已經到達了天堂，如果西邊有更好的地方，他們還是會前進。這樣的

想法鼓勵人們不斷追求，不要安於現狀，始終在尋求一種更好的生活、更好的生活場所。

美國夢是個人的，但同時也帶有國家目標的成分。

美國的國家夢發展大致經歷了五個時期：

第一個時期是「五月花號」與美國夢的緣起，就是一六二○年至十七世紀中葉。一六二○年九月，一百零二名歐洲人乘坐「五月花號」離開英國駛往美洲大陸，登陸後，他們決定在這裡開始自己的夢想。此後又有很多歐洲移民到了美洲。

第二個時期是十八世紀末至十九世紀末的「西進運動」時期。

第三個時期是馬漢創立「海權論」時期，美國開始「海洋強國夢」並走向海外。這時期，美國開始重視海軍建設，並最終成為世界第一的海軍強國。

第四個時期是一八九○至一九二八年，美國三十年的改革運動時期，這是美國夢的「進步主義時代」。

第五個時期則是羅斯福「世界主義」和美國的「世界夢」時期。自一九二九年，羅斯福新政以來，美國通過推動建立佈雷斯頓森林體系，確定美元作為全世界通行的貨幣；建立了雅爾達體系；推動建立聯合國國際組織，實現了美國的「世界夢」。

如果說美國夢體現了美國文化和美國的國民性格的話，那麼中國

夢則充滿著中華文明「家國天下」的理性光輝。中國夢開篇明義地提出了從國家到個人三者之間不同內涵。

為什麼中美之間的夢想有如此之大的差別呢？

夢想是要建立在實實在在的經濟物質基礎之上的，要建立在歷史文化基礎之上，用馬克思的話說，社會發展不能脫離社會這個現實環境。

中華民族五千年來，在十八世紀之前，甚至在十九世紀之前，我們在世界上都是屬於經濟比較繁榮的國家。但從鴉片戰爭以來，我們飽受外國列強的欺侮，如果國家不強盛，個體就算再有錢，也守不住。

有研究顯示，我們當年那麼富裕的一個天朝大國，鴉片戰爭以後，一系列的不平等條約，讓我們付出的財富折合白銀大概一千億兩以上。這都是中國人民自己奮鬥積累起來的財富，但是在一個軟弱的國家、渙散的民族背後，我們拱手讓送。

中國社會沒有了強大的國家、沒有了強盛的民族，你在自己國土上，都可能要成為二等公民。

正因為有了一八四〇年以來近百年的屈辱歷史，中國人對國家富強、民族振興、人民幸福才會有深刻的體會。

雖然美國夢與中國夢在本質上有很大的不同，但並不影響我們在實現中國夢的征途中借鑑美國夢成敗的經驗。

一是借鑑美國夢注重培育和堅持主流價值觀。美國的主流價值是自由、平等、民主，幾百年都沒有變。

美國夢的初期，「五月花號」一到新大陸，追夢行動很快就發展起來了。當時去「新大陸」尋夢的大部分是新教徒，他們的思想解放，追求平等、自由，同時他們勤奮努力、務實，不僅有思想還有理論、能行動。他們中很多人在去新大陸之前，就已經是醫生、律師、會計、工程師。

這種思想的傳統、價值的傳統，使美國社會崇拜創造、創新的英雄，而不在乎什麼總統、領導。這一點從歐美火車車廂的設置就可以看出：歐洲的火車到現在還保留著貴族車廂，這節高等車廂，有錢都不一定能坐進去，只有貴族才能坐；而美國不一樣，美國沒有貴族車廂，誰都可以坐，都是一樣的，平民百姓坐在火車上，說不定坐你對面的就是某個國家部門的部長或者國會的議員。

二是借鑑美國夢注重發揮人的主觀能動性和潛能。美國人講究成功學。每個學生都在研究成功學，想著如何成功。

三是借鑑美國夢注重強調進取、責任、擔當的陽剛之氣。

四是借鑑美國夢注重加強法律和制度的建設。從希歐多爾·羅斯福時期的《食品安全法》開始，後來陸續有了《國家公園法》、《遺產稅》、《反托拉斯法》等一系列的法律做保障。

三、利益追求

> 「宏大敘事」的國家夢，也是「具體而微」的個人夢。
> 中國夢，最終是由一個個鮮活生動的個體夢想彙聚而成。人
> 人都有追夢的權利，人人都是夢想的築造者。有夢想、有機
> 會、有奮鬥，一切美好的東西都能夠創造出來。

「宏大敘事」的國家夢，也是「具體而微」的個人夢。中國夢，
最終是由一個個鮮活生動的個體夢想彙聚而成。中國夢在每一方土地
升騰，在每一個人心中生長。

同一個世界，每一個夢想。

人的生活水準、生活環境不同，對未來的追求也不盡一樣。

美國心理學家馬斯洛曾將人的需求分為五種，像階梯一樣從低到
高，按層次逐級遞升，分別為：生理上的需求，安全上的需求，情感
和歸屬的需求，尊重的需求，自我實現的需求。生理上的需求是人類
維持自身生存的最基本要求，如對呼吸、水、食物、睡眠、生理平衡
等的需求，如果這些需求任何一項得不到滿足，人類個人的生理機能
就無法正常運轉。換而言之，人類的生命就會因此受到威脅。從這個
意義上說，生理需求是推動人們行動最首要的動力。只有這些最基本
的需求滿足到維持生存所必需的程度後，其他的需求才能成為新的激
勵因素。之後順序往上發展為安全上的需求、情感和歸屬的需求、尊

重的需求、自我實現的需求。

從當前中國經濟社會發展的狀況看，由於區域發展不平衡，社會階層分化，個體之間的夢想都不一樣。有人希望更好的教育，有人期盼更穩定的工作、更滿意的收入、更可靠的社會保障、更高水準的醫療衛生服務、更舒適的居住條件、更優美的環境……他們的夢想是吃得更好，能喝上乾淨的水，呼吸上清潔的空氣，在自己家門口就能買到放心的奶粉。也有人已經遠離了生存危機，他們希望生活得更加有尊嚴：體面勞動、權利得到保障、免遭到恐懼的壓力……

其實，無論是最基本的需求，還是自我實現需求的滿足，從大的方面看，都是對更好的教育、更穩定的工作、更滿意的收入、更可靠的社會保障、更高水準的醫療衛生服務、更舒適的居住條件、更優美的環境等美好生活的嚮往，對人生出彩機會的渴望。

人人都有追夢的權利，人人都是夢想的築造者。有夢想、有機會、有奮鬥，一切美好的東西都能夠創造出來。

改革開放，開闢了一個夢想蓬勃生長的新的時代。人們從計劃經濟的束縛、貧窮生活的逼迫和高度集中的管制中解放出來，自主意識，創造精神，發展活力，前所未有地迸發出來。家庭聯產承包的破土而出，鄉鎮企業的異軍突起，城鄉大遷徙的潮湧浪疊，助推了中國工業化、城鎮化和現代化的偉大進程。人們用自己的勇敢、智慧和勤勞，書寫歷史的新篇，改變自己的命運，升騰多彩的夢想。

「小河有水大河滿」。每個人的自由發展是一切人自由發展的條

件，個體不同的夢想，最終匯入民族夢、國家夢的歷史大河裡。個體夢想的實現，正是國家夢想實現的重要前提。

「大河沒水小河乾」。每一個人的奮鬥努力，如果離開了國家的奮鬥、民族的奮鬥、集體的奮鬥，夢想也未必成真。

「國家好，民族好，大家才會好」。回首近代以來，瓜分豆剖的危險、亡國滅種的陰霾、「東亞病夫」的歧視……國家失去尊嚴，民族飽受屈辱，個人何敢言夢？

從新中國「站起來」，到改革開放「富起來」，再到新世紀「強起來」，國家民族的強盛，讓人民的幸福有了堅實依託；中國夢的茁壯，使個人夢想有了廣闊空間。吃飽穿暖、下海經商、有車有房……個人夢想的日益豐富，再次說明，中華民族是一個命運共同體，有國家的繁榮昌盛，才有個人的全面發展；實現中華民族偉大復興，體現了中華民族和中國人民的整體利益，是每一個中華兒女的共同期盼。

一九七八年，安徽鳳陽小崗村十八位農民以「托孤」的方式，冒著極大的風險，立下生死狀，在土地承包責任書上按下了紅手印，他們最樸素的願望就是通過自己的雙手能自己解決溫飽。小崗村的那十八個農民，在按紅手印時，根本不會想到此舉會開啟中國發展的新路向。個人與國家，其實是一個命運共同體，「都說國很大，其實一個家；家是最小國，國是千萬家；有了強的國，才有富的家」。

中國夢，人民夢，不是兩個截然不同的概念，而是一枚硬幣的兩個面。中國夢和人民夢是合為一體的，實際上是同一個概念，人民是

實現中國夢最主要、最直接的受益者。

國泰則民安，民富則國強。國和家的命運攸關，是中華民族漫長演進史中最為深刻的總結，國家興衰始終都在塑造個體命運中扮演了核心角色。正如有論者所言，在災難與輝煌的雙重變奏之中，一個個中國人的夢想從來離不開民族整體的際遇。個體的命運往往隨著歷史而流轉顛簸，無論大江大海還是一枝一葉。

「人們對美好生活的嚮往，就是我們的奮鬥目標」。國家之夢，反映國民之夢；個人之夢，融為民族之夢。

從「貧窮不是社會主義」到「共同富裕」，從「發展是硬道理」到「全面建成小康社會」，幾十年來，發展經濟，改善民生，始終是黨和政府最重要的工作。中國改革發展的歷程，正是在傾聽人民呼聲、回應人民期待中不斷深化的，也必將沿著這個方向繼續推進，不斷實現好、維護好、發展好最廣大人民根本利益，讓老百姓得到更多好處。

中國夢，是對公平正義的嚮往。實現公平正義，既需要處理好教育、就業、養老、醫療、收入分配等方面的問題，也需要權利保障更加充分、人人得享共同發展。只有這些得到妥善解決，社會才能安定有序，國家才能長治久安。

中國夢，是對改善生活的渴望。這些年來，無論是城鄉居民收入持續增長、社會保障網初步建立，還是醫療、教育等方面不斷向前的改革，人民群眾的幸福指數不斷提高。農業稅免除了，義務教育免費

了，職工工資增加了，城市低保標準提高了，農民有了基本醫療保障，收入分配制度改革基本思路形成……從生活品質到生態環境，各級政府通過堅持不懈的努力，拓展著民生工作的內涵與外延。這種著眼於人的全面發展的「大民生」觀，讓億萬人民逐步共用發展成果。

千百年來，中國老百姓企盼的就是「過上好日子」。能夠讓人們過上好日子的社會，必定是一個學有所教、勞有所得、病有所醫、老有所養、住有所居的社會。我們深知，這樣的中國夢，體量之大，涉及十三億人；範圍之廣，涵蓋百姓生活的方方面面。這決定了圓夢之途絕不輕鬆，既需要盡力而為、量力而行、循序漸進，更需要克勤克儉、辛勤勞動，在推動經濟發展中，不斷滿足民生之需、不斷增進民生福祉。

從宏大的角度看，夢有共性，擁有選擇的自由，通過個人奮鬥獲得幸福生活是美國夢的精神，當我們在審視美國夢時，其實也在尋找自己的中國夢。中國夢和美國夢一樣，都強調進取精神，有夢的人才有希望。

中國夢不是空中樓閣。夢想成真，民生改善是最好詮釋。將國家的發展落腳在所有人的共同發展上，將夢想的力量凝聚在共同富裕的旗幟下，未來中國定能以穩健有力的步伐，在民族復興夢想的道路上踏實前行。

千百年來，中國老百姓企盼的就是「過上好日子」。

第四章

中國夢，百年尋

從一八四○年起，為實現「國家富強，民族振興，人民幸福」的中國夢，我們整整走過了一百七十三年。

百年尋夢，記錄了中華民族從飽受屈辱到贏得獨立解放的非凡歷史，承載著艱辛探索中國特色社會主義道路的偉大歷程，展現出中國特色社會主義道路的錦繡前程，深刻表達出中國近代以來歷史發展的主題主線。

上一代的中國夢，要把一個政治上受壓迫、經濟上受剝削的中國，變為一個政治上自由和經濟上繁榮的中國；要把一個被舊文化統治因而愚昧落後的中國，變為一個被新文化統治因而文明先進的中國。

這一代的中國夢，要達到「兩個百年」的奮鬥目標，全面建成小康社會，將中國建成富強民主文明和諧的社會主義現代化國家。

記住這百年尋夢的偉大歷程，記住這一百七十三年生生不息的民族歷史，我們將一脈相承、一以貫之地為實現中國夢英勇奮鬥。

一百年是漫長的也是短暫的。

告別辛亥革命以來的百年歷史，告別自一八四○年以來所經歷的

苦難與痛苦，我們這個民族，經過一百多年的求索與奮鬥，讓世界重新認識了中國，中國也以新的面貌融入了世界。

百年跨越，中國人跨越的絕不僅僅是一個時間節點，伴隨著國家一起邁入新時代的，是中華民族偉大復興夢想。

一、血灑維新

近代中國第一個大夢，是從康梁維新變法開始，史稱「戊戌變法」。「百日維新」結果：光緒帝被囚於中南海瀛台。康有為、梁啟超逃往海外。譚嗣同、林旭、劉光第、楊深秀、康廣仁、楊銳六位維新志士慘遭殺害，史稱「戊戌六君子」。除京師大學堂外，其他新政措施都被廢除。

近代中國第一個大夢，是從康梁維新變法開始，史稱「戊戌變法」。

康有為、梁啟超是戊戌變法的領袖人物，是中國共產黨出世之前向西方尋找真理的先進中國人。

一八八二年，康有為到北京參加會試，回程經過上海，接觸到很多資本主義的事物，收集了不少介紹資本主義各國政治制度和自然科學的書刊。

經過學習，康有為逐步認識到資本主義制度，比中國的封建制度先進。

帝國主義的侵略，清朝的腐敗，讓年輕的康有為胸中燃起了救國之火；西方的強盛，讓他立志要向西方學習，藉以挽救正在危亡中的祖國。

1. 上書光緒變法新政

一八八八年，康有為再到北京參加順天鄉試，沒有考取。當年九月，他上書光緒帝，痛陳祖國的危亡，批判因循守舊，要求變法維新，提出了「變成法，通下情，慎左右」三條綱領性的主張。

一八九一年，康有為回到廣東，開辦萬木草堂學館，聚徒講學，為變法運動創造理論。在尊孔名義下先後寫下《新學偽經考》和《孔子改制考》兩部著作。前書把封建主義者歷來認為神聖不可侵犯的某些經典宣布為偽造的文獻；後書把本來偏於保守的孔子打扮成滿懷進取精神，提倡民主思想、平等觀念的人。康有為的改革精神在知識界產生了強烈的震動和反響，也對封建頑固守舊分子構成了很大威脅，被視為異端邪說。

一八九四年，康有為《大同書》（原名《人類公理》）發表。《大同書》描繪了人世間的種種苦難，提出大同社會將是無私產、無階級，人人相親、人人平等的人間樂園。

一八九五至一八九八年，康有為積極地進行了變法實踐。

一八九五年四月，在京參加會試的各省舉人，聽說清政府要與日本訂立喪權辱國的《馬關條約》，極為憤慨。康有為連夜起草上皇帝書。各省舉人一千三百多人集會，通過了這份萬言書。

五月二日，萬言書送交都察院。這就是有名的「公車上書」。

在上書中，康有為從愛國的立場出發，強烈主張「拒和、遷都、變法」。

他建議光緒皇帝「下詔鼓天下之氣，遷都定天下之本，練兵強天下之勢，變法成天下之治」。

此後，康有為又連續上書幾次，從政治、經濟、文化教育等幾個方面系統地闡述了自己的變法思想。

政治方面，他提出要變君主專制為君主立憲。指出：「東西國之強，皆以立憲法，開國會之故。國會者，君與國民共議一國之政法也。」

經濟方面，康有為提出要發展工業，振興商業，保護民族資產階級利益。

文化教育方面，康有為提出要「開民智」、「興學校」、「廢八股」。

這幾個方面構成了康有為變法維新的基本綱領。

一八九五年八月，康有為為組織和發展維新派力量，在北京組織了強學會。強學會每三天舉行一次例會，討論「中國自強之學」，批判頑固派的投降賣國。此舉惹怒了李鴻章等人，他們下令封閉強學會。

同年十一月，康有為離京南下在上海組織了強學分會，不久也被封閉。

一八九七年十一月，德國出兵佔領膠州灣，引起了全國人民的激烈反對。

一八九八年三月，康有為又在北京組織保國會。在成立大會上，康有為慷慨陳詞：「二月以來，失地失權之事已二十見，來日方長，何以卒歲？」

康有為的話深深地打動了聽眾的心，保國會員很快發展到數百人。這引起了頑固派的恐懼和誹謗。

有人大罵保國會「名為保國，勢必亂國」；有人上書彈劾，準備對康等進行查究，後因光緒皇帝說「會為保國，豈不甚善」才算作罷。康有為和他的同事們通過組織學會，宣傳了愛國主義思想，進一步動員了群眾，擴大了變法維新的影響。

一系列的政治實踐，令康有為在社會上名聲漸大。

光緒皇帝下令，康有為如有奏摺，即日呈遞，不得阻攔。

一八九八年六月十一日，光緒皇帝頒布《明定國是詔》，宣布實行新政，「變法自強」。

五天以後，光緒皇帝正式接見康有為，賞六品銜，任其為「總理衙門章京上行走」，同時給他專折奏事的權力。不久，梁啟超、譚嗣同都在政府中任了職，共同參與變法維新。

2. 百日維新一場夢

一八九八年六月十一日，光緒帝頒《明定國是詔》，宣布變法。

此後光緒帝陸續發出數十道改革命令，歷時一百〇三天，是為「百日維新」。

變法主要內容：

政治方面：廣開言路，准許各級官員及民眾上書言事，嚴禁官吏阻格；刪改則例，撤銷重疊閒散機構，裁汰冗員；取消旗人的寄生特權，准其自謀生計；改革財政，創辦國家銀行，編制國家預決算。

經濟方面：設立農工商總局，開墾荒地；提倡私人辦實業，獎勵發明創造；設立鐵路、礦務總局；鼓勵商辦鐵路、礦業；裁撤驛站，設立郵政局。

軍事方面：嚴查保甲，實行團練；裁減綠營，淘汰冗兵，採用新法編練陸海軍。

百日維新一場夢

　　文教方面：改革科舉制度，廢除八股，改試策論；改書院和淫祠為學堂；鼓勵地方和私人辦學，創設京師大學堂，各級學堂一律兼習中學和西學；准許民間創立報館、學會；設立譯書局，翻譯外國新

書；派人出國留學、遊歷。

「百日維新」結果：光緒帝被囚於中南海瀛台。康有為、梁啟超逃往海外。譚嗣同、林旭、劉光第、楊深秀、康廣仁、楊銳六位維新志士慘遭殺害，史稱「戊戌六君子」。除京師大學堂外，其他新政措施都被廢除。

3. 戊戌變法與明治維新

戊戌變法，史家稱清末新政。

經過了一百多年的政治爭鬥與歷史沉澱，國人已經能夠以一種平和的心態，承認它是晚清時期中國的一次自救，一次向自己的近鄰日本學習的過程。

史學界經常拿戊戌變法和日本的明治維新進行比較。

明治維新的主要領導人是一些青年武士，他們以「富國強兵」為口號，企圖推翻德川幕府，把大政歸還天皇，建立一個能同西方並駕齊驅的國家。

一八七一年廢藩置縣，摧毀了所有的封建政權。同年成立新的常備軍。

一八七二年建成第一條鐵路，一八八二年成立新式銀行。

一八七三年實行全國義務兵制，統一貨幣，實行地稅改革。

一八八五年實行內閣制，一八八九年正式頒布憲法，一八九〇年召開第一屆國會。

到二十世紀初，明治維新的目標基本上完成。

明治維新結果：日本成為唯一一個沒有淪為殖民地或半殖民地的亞洲國家。

戊戌變法，是一次資產階級改良運動，是資產階級變革社會制度的初步嘗試。

維新派試圖在政治上建立資產階級君主立憲制。在經濟上發展民族資本主義，符合當時的歷史發展趨勢。

戊戌變法是一次愛國救亡的政治運動。在民族危機加劇的時刻，維新派以變法圖強、救亡圖存為目標，進行廣泛的宣傳鼓動，希望通過改革，擺脫帝國主義列強的侵略，使中國走向獨立、民主和富強，表現出強烈的愛國熱情，激發人民愛國思想和民族意識。

戊戌變法也是近代中國一次思想潮流的解放。資產階級維新派提倡新學，主張興民權，對封建思想進行了猛烈的抨擊，為近代思想啟蒙運動的蓬勃興起開闢了道路，促進了中國人民的覺醒。

二、夢殤共和

中山遺囑：「余致力國民革命凡四十年，其目的在求中國之自由平等。積四十年之經驗，深知欲達到此目的，必須喚起民眾及聯合世界上以平等待我之民族，共同奮鬥。

現在革命尚未成功，凡我同志，務須依照餘所著《建國方略》、《建國大綱》、《三民主義》及《第一次全國代表大會宣言》，繼續努力，以求貫徹。最近主張開國民會議及廢除不平等條約，尤須於最短期間促其實現。是所至囑。」

1. 近代反清英雄第一人

孫中山被稱為「近代反清英雄第一人」。

一八九四年六月，孫中山嘗於《上李傅相書》中，提出多項改革建議，為李鴻章斷拒。

失望之餘，他遠赴檀香山茂宜島，創建了生平第一個革命組織——興中會。以「驅逐韃虜，恢復中國，創立合眾政府」為宗旨，以「振興中華」為目標。

一八九五年二月，孫中山到香港，會同舊友陸皓東、鄭士良、陳少白、楊鶴齡等人，成立「香港興中會總會」。楊衢雲、謝纘泰等人以「開通民智、改造中國」為宗旨創立的「輔仁文社」欣然併入。

孫中山被民眾稱為「近代反清英雄第一人」。

興中會總會以「驅除韃虜，恢復中國，創立合眾政府」為誓，決定先攻取廣州為根據地，並採用陸皓東所設計的青天白日旗為起義軍旗。重陽節，興中會發動廣州起義，起義因事先洩密而失敗，革命先行者陸皓東被清廷殺害。

一八九六年秋，孫中山轉往英國倫敦，在當地被清廷特務緝捕入

中國使館，成為國際事件。孫中山因寫作英文版《倫敦蒙難記》
（Kidnapped in London，又譯《倫敦被難記》）而名聲大噪。

一九〇三年夏，孫中山在日本青山開辦革命軍事學校，再度將
「驅除韃虜、恢復中華、創立民國、平均地權」設為革命誓詞。

一九〇五年八月，孫中山領導「興中會」與黃興、宋教仁等人的
「華興會」，蔡元培、吳敬恒等人的「愛國學社」，張繼的「青年會」
等組織，在日本東京成立「中國同盟會」。

孫中山被推為同盟會總理，將「驅除韃虜、恢復中華、創立民
國、平均地權」確定為革命政綱，並將華興會機關刊物《二十世紀之
支那》改組成為《民報》。

孫中山在發刊詞首次提出「三民主義」學說，即「民族、民權、
民生」，與梁啟超、康有為等改良派激烈論戰。

隨後，孫中山與黃興、章太炎編定《同盟會革命方略》，舉所誓
之四綱，正式宣示進行國民革命，定「軍法之治、約法之治、憲法之
治」三程式，力圖創立「中華民國」。

一九〇六年，孫中山由法國到日本，其間兩至新加坡，在晚晴園
主持成立同盟會新加坡分會，新加坡由此成為革命黨人在南洋的活動
中心。

一九〇七年，孫中山離開日本赴南洋，在胡漢民、汪精衛等支持
下，在南洋另立同盟會總部。

自一九〇七年七月至一九一一年，孫中山多次授命，在全國各地發動起義，親赴廣西主持鎮南關起義。

一九〇九年至一九一一年，孫中山漂泊國外期間，多次在各國華僑、留學生中籌畫革命經費，爭取外國政府支援，快速擴張規模，吸收海外華僑參與革命。

一九一一年十月十日（農曆八月十九日），武昌起義，武漢光復，各省紛紛回應，革命取得第一次成功。

2. 護國運動風起雲湧

中國人走向共和夢，註定艱辛曲折。

一九一六年袁世凱稱帝，引發各省爭議，發生護國戰爭。

一九一七年，北洋軍閥段祺瑞鎮壓張勳復辟後「再造共和」，廢止了一九一三年選出的國會。

孫中山為維護臨時約法，恢復國會，在上海發動護法運動，通電西南各省，擁護共和，號召議員在南方另行召集國會，組織臨時政府。

一九一七年七月，孫中山南下廣州，掀起護法運動。聯合西南地方實力，共同反對北洋軍閥。八月，國會非常會議在廣州召開，孫中山被選為中華民國海陸軍大元帥，隨即組建中華民國軍政府。

護法戰爭爆發，範圍波及粵、桂、湘、閩、滇、黔、川、鄂、陝九省。

西南各實力雖然標幟「護法」，實為割據自雄。一九一八年桂、滇各系控制國會改組護法政府，以七總裁取代大元帥，孫中山被迫去職。

一九一九年十月，改中華革命黨為「中國國民黨」。

一九二〇年，陳炯明擊退盤踞廣州一帶的桂系、滇系，請孫中山重回廣州。次年，廣州非常國會取消軍政府，選孫中山為「大總統」，開始第二次護法運動。

孫中山就職後，力主軍事北伐，最終與主張「暫緩軍事、聯省自治」的陳炯明產生激烈衝突。

一九二二年六月，陳炯明發難，爆發炮擊總統府事件，孫中山化裝離粵，退居上海，護法運動失敗。

自陳炯明兵變後，孫中山開始考慮與共產黨合作的可能。一九二三年一月，孫中山與蘇聯政府全權代表越飛在上海發表《孫文越飛聯合宣言》，正式討論與共產黨合作。一九二三年一月，在擁護孫中山的滇軍楊希閔部、桂軍劉震寰部，以及倒戈粵軍聯合組成的西路討賊軍的攻擊下，陳炯明部被逐出廣州，敗退至東江。

二月，孫中山重回廣州，設立大元帥府。十二月，接受列寧和共產國際的協助重建大元帥府，共產國際派出鮑羅廷到廣州為孫中山顧

問，以蘇共為模式重組中國國民黨。

一九二四年一月，孫中山在中國國民黨第一次全國代表大會上，宣布實行「聯俄、聯共、扶助農工」三大政策，接受中國共產黨和蘇俄共產黨幫助，改組國民黨。三月組建黃埔軍校，任命蔣介石為校長。

國民黨「一大」的成功，標誌著第一次國共合作正式形成。這次合作實現後，以廣州為中心，彙集全國的革命力量，很快開創出反帝反封建的革命新局面。

一九二五年春孫中山在北京病發。三月十一日，自知不起，臨終時簽字《總理遺囑》：

余致力國民革命凡四十年，其目的在求中國之自由平等。積四十年之經驗，深知欲達到此目的，必須喚起民眾及聯合世界上以平等待我之民族，共同奮鬥。

現在革命尚未成功，凡我同志，務須依照餘所著《建國方略》、《建國大綱》、《三民主義》及《第一次全國代表大會宣言》，繼續努力，以求貫徹。最近主張開國民會議及廢除不平等條約，尤須於最短期間促其實現。是所至囑。

一九二五年三月十二日孫中山病逝，彌留之際，低呼：「和平……奮鬥……救中國！」

3. 孫中山建國方略

《建國方略》概括了孫中山對未來中國建設理想設計，站在當今中國發展的水準上，我們應該為孫中山的諸多遠見而嘆服。

《建國方略》提出了發展中國經濟的遠景規劃，發展交通和通訊是孫中山關注的重點。

他提出：修建十萬英里的鐵路，以五大鐵路系統把中國的沿海、內地和邊疆連接起來；使公路網遍布全國，修建一百萬英里的公路；開鑿、整修全國的水道和運河，大力發展內河交通和水力、電力事業；在中國北部、中部及南部沿海各修建一個「如紐約港」那樣的具世界水準的大海港；建設華北、華中、華南三大世界級港口。

孫中山第一次把經濟建設放到首位，第一次提出對外開放、引進外資的經濟戰略思想。尤其值得一提的是，《民權初步》作為《建國方略》的社會建設部分，是一部關於民主政治建設的論著，敘述了政府的組織、運作和普通大眾在社會生活中應把握的具體民主原則、程式和方法，反映了孫中山宣導的民主政治思想。

在《建國方略》裡，孫中山先生從思想層面到經濟層面，再至政治層面，對中國的現代化進程進行了系統化的詳細設計，被民國政府

標榜為立國的第一指導綱領。

它作為百年辛亥革命珍貴遺產，是全面詳實企劃大中華民主富強現代化方案的宏偉巨著。

當年的遠見，而今盤點，當時許多天才般的設想都已經變成了現實。

比如關於東方大港的構想，孫中山寫道：「顧吾人之理想，將欲於有限時期中發達此港，使與紐約等大。」孫中山認為東方大港應建在「杭州灣中乍浦正南之地」，並表示「論其為東方商港，則此地位遠勝上海」。在第三計畫中，孫中山構想建設一南方大港，「以完成國際發展計畫篇首所稱中國之三頭等海港」。這個南方大港的位置「當然在廣州」。

如今三個頭等海港已經建成，孫中山所設想的三地已經形成了三個龐大的港口群。

北方港口群以京塘港為中心，兩翼有營口港、丹東港、天津港等。

東方港口群有上海港、寧波港、南通港、連雲港以及落成不久的上海洋山深水港。

南方港除了廣州港外，還有深圳、蛇口等港口，輸送量均在億噸左右，忙碌景象遠遠超出孫中山的設想。

孫中山最富創意設想，是高原鐵路建設。「此是吾鐵路計畫之最後部分，其工程極為繁難，其費用亦甚巨大。」這位偉人表示，這一塊土地「有最富之農產與最美之牧場」，礦藏豐富、世人罕至，一旦其他鐵路完成之後，這條鐵路建設實有「必要」。如今青藏鐵路的運行，使當年的夢想變成現實。

三、自立東方

　　只有社會主義才能救中國，這個命題是毛澤東在一九三八年最先提出的。

　　一九七九年鄧小平論及了另一個偉大的命題「社會主義可以搞市場經濟」。

　　江澤民在建設物質文明和精神文明的基礎上又提出建設政治文明，並且把這三大文明（物質文明、政治文明、精神文明）同三大建設（經濟建設、政治建設、文化建設）聯繫起來，作為全面建設小康社會的科學內涵。

　　胡錦濤同志又從新世紀新階段的發展全域出發，在總結新中國成立以來特別是改革開放以來的歷史經驗和吸收世界文明成果的基礎上，創造性地提出了以人為本、全面協調可持續的科學發展觀，並把中國特色社會主義事業的總體布局從經濟建設、政治建設、文化建設三位一體拓展為經濟建

設、政治建設、文化建設、社會建設四位一體，進而在黨的十七大上提出了全面建設小康社會的新要求。

1. 社會主義救中國

只有社會主義才能救中國，這個命題是毛澤東在一九三八年最先提出的。

中國共產黨在奮鬥壯大的進程中，首先產生了毛澤東思想這一馬克思主義中國化的重要結晶。

一九四九年十月一日，毛澤東在天安門城樓宣告，中華人民共和國中央人民政府成立了。

在此之前十天，在第一屆中國人民政治協商會議上，毛澤東用濃重的湖南鄉音說：

諸位先生代表們，我們有一個共同的感覺，這就是我們的工作將寫在人類的歷史上，它將表明占人類總數四分之一的中國人從此站立起來了。

為了一句「中國人民站起來了」，這個民族用了一百多年。

新中國成立後，以毛澤東為核心的黨的第一代中央領導集體將如何領導人民開闢一條實現中華民族偉大復興的新道路？

這是一段非凡、充滿巨變的波瀾壯闊的民族歷史，有大量的先烈犧牲，有無數艱難險阻，同時也極大地豐富了人類的歷史進程。

共和國第一任國家主席毛澤東為人民英雄紀念碑親自撰寫了碑文：

三年以來，在人民解放戰爭和人民革命中犧牲的人民英雄們永垂不朽！

三十年以來，在人民解放戰爭和人民革命中犧牲的人民英雄們永垂不朽！

由此上溯到一千八百四十年，從那時起，為了反對內外敵人，爭取民族獨立和人民自由幸福，在歷次鬥爭中犧牲的人民英雄們永垂不朽！

中華人民共和國的成立，標誌著一八四〇年以來中國爭取民族獨立、人民解放的歷史任務基本完成。

這是馬克思主義同中國實際相結合的偉大勝利。它從根本上改變了中國社會發展的方向，為實現第二項歷史任務——國家繁榮富強和人民共同富裕——創造了前提，中國歷史由此開闢了一個新紀元。

新生的共和國僅用了半年時間就使全國物價基本穩定，治癒了舊

中國無法醫治的頑症。

農村實行土地制度的改革，先後共使三億多農民無償獲得了約七億畝土地。

新中國成立後，以毛澤東為核心的黨的第一代中央領導集體將如何領導人民開闢一條實現中華民族偉大復興的新道路？

建設一個新國家的路途卻山高水長。一九四九年，中國鐵路骨幹沒有一條能夠全線通車；人均國民收入只有二十七美元，相當於亞洲國家平均值的三分之二；四千萬災民等待救助……

面對舊政權留下的滿目瘡痍，新的中國，在建設的進程中將經歷怎樣的艱難曲折？以毛澤東為核心的黨的第一代中央領導集體將如何領導人民開闢一條實現中華民族偉大復興的新道路？

從一九四九年起，中國用三年時間，恢復國民經濟。

一九五三年鞍山鋼鐵公司生產出中國第一根鋼軌，近百年來中國機車只能行駛在外國重軌上的歷史於那一刻終結。鞍鋼的成就標誌著中國重工業發展的成就，標誌著新中國經過三年時間，國民經濟得到全面恢復和初步發展。

一九五二年，黨中央及時提出了黨在過渡時期的總路線：要在相當長的一個時期內，基本完成國家的社會主義工業化，基本完成對農業、手工業、資本主義工商業的社會主義改造。

這是一條社會主義工業化和社會主義改造同時並舉的總路線。

一九四五年中共七大上，毛澤東表達了對未來的美好設想。

他提出未來中國工業建設要在若干年內逐步地建立重工業和輕工業，使中國由農業國變為工業國。但是，當中國人真正掌握國家政權的時候卻發現想要描繪出美麗的畫卷是如此之難。

新中國宣告成立的第三天，蘇聯政府發來外交照會，在全世界第一個承認中華人民共和國，對新中國給予了巨大的支持。

兩個多月後，毛澤東踏上了西去的列車前往莫斯科。這是他第一次出國，也是他出國存取時間最長的一次。

一九五〇年二月，《中蘇友好同盟互助條約》簽訂。條約簽訂之後，對中國國家的安全穩定乃至世界和平，提供了巨大的法律保障。

此時中國東北邊境卻傳來了隆隆炮聲，建設的步伐被打亂。

一九五〇年六月，朝鮮戰爭爆發，美國借機派第七艦隊開進了臺灣海峽，中國人民志願軍毅然投入保家衛國的戰鬥。

抗美援朝戰爭的勝利使新中國的國際威望空前提高，為新中國的建設贏得了一個相對穩定的和平環境。

二十世紀五〇年代，美國的鋼產量是八千七百萬噸，中國的鋼產量只有幾十萬噸。

國力之間的巨大差距，讓人們認識到，一個剛剛獲得獨立的民族距離真正的強大還有很長的路要走。

中國沒有搞過社會主義，唯一可以學習的物件就是蘇聯。

二十世紀二三十年代，由蘇聯創造的人類歷史上嶄新的計劃經濟模式引起了世界的普遍關注。

依靠高度集中的計劃經濟體制，蘇聯在建國後短短十幾年間，就從農業國變成工業國。這一發展模式吸引了包括中國在內的很多剛剛實現民族獨立的後發國家。

一九五二年中蘇兩國就經濟援助問題進行了兩個多月的談判，蘇聯承諾五年內給予中國必要的援助。

新中國的工業建設在蘇聯的說明下加快了進程，一九五三年第一個「五年計畫」以邊計畫、邊執行、邊修正的方式全面展開。

那是一個火紅的年代，到處充滿了生機與活力，機器的轟鳴聲不絕於耳。

共和國幾乎每一天都在發生改變，幾乎每一天都有新的建設項目開工上馬。其中許多是中國過去沒有的新工業，如汽車廠、飛機製造廠、大型發電設備生產廠等等。

新中國的工業化在很短的時間內就取得了重大突破。一九五六年，第一個「五年計畫」提前完成。

「一五」期間，中國工業建設和生產所取得的成就遠遠超過了舊中國的一百年。

　　這一年，社會主義改造基本完成，社會主義基本經濟制度在中國全面建立，原計劃用十八年實現的目標只用了七年。

　　社會主義制度的全面確立為中國的發展和進步奠定了根本基礎，中國開始轉入全面的大規模的社會主義建設。

　　理論界總結其原因，「一五」計畫尤其是在該期間進行的社會主義改造，是在生產關係方面由私有制到公有制的一場偉大變革，也是中國歷史上最深刻的一場社會變革，它對當時社會生產力的發展直接起到了促進作用。

　　中國選擇社會主義成為二十世紀五〇年代最重要的事件之一，由此開始了中華民族在社會主義道路上實現偉大復興的歷史征程。

　　「一五」計畫的順利完成為中國共產黨積累了進行建設的初步經驗。一九五六年四月毛澤東發表《論十大關係》系統闡述了處理重工業和農業、輕工業的關係等問題。

　　毛澤東第一次提出了體制改革的問題，認為不能像蘇聯那樣，把什麼都集中到中央，而應當有中央和地方兩個積極性，強調：一切民族、一切國家的長處都要學，但不能一切照搬。

　　《論十大關係》標誌著中國開始探索一條適合自己的社會主義建設道路，為隨後召開的中共八大做了理論準備。

作為中國共產黨執政之後的第一次全國代表大會，作為獨立探索社會主義道路之後的一次重要會議，八大對建國以來七年的經驗作了總結，也對未來的發展進行了規劃。

　　這個時候主要矛盾發生了重大變化：國內主要矛盾，不再是階級矛盾，而是人民對於建立先進的工業國的要求同落後的農業國現實之間的矛盾，是人民對於經濟文化迅速發展的需要同當前經濟文化不能滿足人民需要的狀況之間的矛盾。

　　矛盾的實質，是先進的社會主義制度與落後的社會生產力之間的矛盾。

　　黨的主要任務，就是要集中力量解決主要矛盾，把工作重點轉移到社會主義經濟建設上來，大力發展生產力，盡快地把中國從落後的農業國變成先進的工業國。

　　八大關於主要矛盾的思想、關於經濟建設的思想，包括社會政治建設、民主政治建設、執政黨建設，完全正確且富有創意，在黨的歷史上具有重要地位。

　　一九五七年二月，毛澤東在擴大的最高國務會議上，發表了《關於正確處理人民內部矛盾的問題》的講話，進一步總結了社會主義建設事業發展中的歷史經驗，創造性地闡述了社會主義社會矛盾學說。

　　以毛澤東同志為代表的中國共產黨人在探索建設社會主義的過程中，作出了一系列理論創造，提出了一系列獨創性的理論觀點。

此時的中國，強烈的民族自豪感交織著建設新國家的巨大熱情，彙聚成了一股無窮的力量，鼓舞著領袖和普通百姓對未來的美好夢想。

2. 歷史在曲折中前行

然而，當對夢想的追逐變得狂熱時，人們逐漸忽視了理性的聲音。

「一五」計畫取得的巨大成就使中央和地方的不少領導幹部滋長了驕傲自滿情緒，誇大了主觀意志和主觀努力的作用，忽視經濟規律，急於求成，對社會主義建設的長期性、複雜性估計嚴重不足。

一九五七年，毛澤東在莫斯科紀念十月革命四十週年大會上，回應赫魯雪夫「十五年內趕超美國」的說法，提出中國要在十五年內鋼產量趕超英國。《人民日報》社論中出現了一個新名詞「大躍進」，片面追求建設的高速度、高指標的「大躍進」運動在全國範圍內開展起來。

對速度的渴求同樣出現在農業領域。一九五八年全國掀起人民公社化運動高潮，一個多月裡，全國七十四萬個農業生產合作社就合併成為二點六萬多個公社。

正常的經濟秩序被破壞，加之嚴重的自然災害，一九五九年到一九六一年，國民經濟嚴重困難的局面出現了。

一九六〇年，糧食和棉花產量跌落到一九五一年的水準。

這一年，蘇聯單方面撕毀了六百個合同，撤走全部在華專家，停止供應中國建設急需的重要設備。

二百五十多個大型建設專案處於停頓、半停頓狀態，新中國處在了建國以來國際、國內環境最為困難的時期。

這一時期，中國的近鄰日本卻迎來了經濟發展的「黃金年代」，國民收入在七年裡增加了一倍。

一九六四年東京奧運會的舉行，使日本國民生產總值猛增一倍多。一九六八年日本成為當時僅次於美國和蘇聯的世界第三經濟強國。

在曲折中探索的中國將如何擺脫困難局面呢？

黨中央提出了「調整、鞏固、充實、提高」的八字方針。一九六二年到一九六五年國民經濟逐漸恢復。

城鎮出現了集市貿易，農民重新有了自留地，不少農村甚至實行了包產到戶。

但這些好的發展趨勢很快停頓下來，黨和國家政治生活中出現了不正常的情況，集體領導原則、民主集中制原則不斷被削弱和破壞，黨的權力過分集中於個人，導致了「文化大革命」的發生。

最值得記取的教訓，是一九六六年五月開始到一九七六年十月結

束的十年「文化大革命」。

黨和國家事業遭遇嚴重挫折，國民經濟遭到嚴重破壞，人民群眾遭受嚴重損失，民主和法制遭到嚴重踐踏，科技水準與世界先進國家的差距進一步拉大。

這是一場值得中華民族永遠記取的悲劇，為了找到一條屬於自己的道路，年輕的共和國曾經歷過相當艱難的歷程。

3. 毛澤東時代的建設成就

新中國的成立，實現了民族獨立和人民解放，開闢了中國歷史的新紀元。

從「一五」計畫到「六五」計畫，中國基礎工業大幅增強。

新中國成立之初，中國除了東部和內陸中心城市一些紡織和輕工機械，根本沒有值得一提的工業基礎，甚至連燈油都要靠進口。

經過二十七年的高速工業化，中國成功建立了完善的工業體系。

一九五二年，工業占國民生產總值的30%，農業占64%。

一九七五年，這個比率顛倒過來：工業占國家經濟的72%，農業則僅占28%。

在這期間，中國的工業總產值增長了三十倍。即使「文革」十年

期間，工業總產值也翻了一番，從一九六五年的1402億元發展到一九七六年的3207億元。

這是共和國幾個重要產業的發展資料：

一九五二年至一九七八年，中國鋼鐵產量從年產140萬噸增長到年產3180萬噸，煤炭產量從年產6600萬噸增長到年產6.17億噸，水泥產量從年產300萬噸增長到年產6500萬噸，木材產量從年產1100萬立方米增長到年產5100萬立方米，電力從年產70億度（千瓦小時）增長到年產2560億度，原油產量從基本空白發展到了年產1.04億噸，化肥產量從年產3.9萬噸上升到年產869.3萬噸，農藥從年產2000噸增加到年產53萬噸。

中國從無到有，建立起規模龐大的航空、航太、原子能及門類齊全的軍工體系，並在這些領域取得了奠定中國大國地位的巨大成就。

至毛澤東逝世時，中國已由一農業國發展成為從噴氣式飛機、運載火箭、核潛艇到工業成套設備和所有農業機械無所不能造的工業大國。

一九七六年，中國工業門類的齊全程度、技術水準和開發能力，在發展中國家首屈一指，並在部分領域接近甚至達到世界先進水準。

基礎設施建設方面，共建成了八十多萬公里的公路，二萬多公里的鐵路，其中絕大部分穿越於群山峻嶺和戈壁沙漠，使滇、桂、川、黔、青、閩、新、甯和河套平原等地結束了沒有鐵路的歷史。

水利建設方面，完成了主要大江河的治理工作，興建水庫五萬多座。庫容二十億立方米以上的三十一座超大型水庫中，三十座為一九四九年後所建。僅淮河治理就修建水庫三千四百座。現在使用的水利設施相當部分是毛澤東時代遺留下來的。

領導中國進行改革開放的鄧小平說：我們能在今天的國際環境中著手進行四個現代化建設，不能不銘記毛澤東的功績。

四、圓夢小康

大道之行也，天下為公，選賢與能，講信修睦。故人不獨親其親，不獨子其子，使老有所終，壯有所用，幼有所長，矜寡孤獨廢疾者皆有所養，男有分，女有歸。貨惡其棄於地也，不必藏於己；力惡其不出於身也，不必為己。是故謀閉而不興，盜竊亂賊而不作，故外戶而不閉。是謂大同。今大道既隱，天下為家，各親其親，各子其子，貨力為己，大人世及以為禮，城郭溝池以為固，禮義以為紀，以正君臣，以篤父子，以睦兄弟，以和夫婦，以設制度，以立田裡，以賢勇智，以功為己。故謀用是作，而兵由此起。禹、湯、文、武、成王、周公由此其選也。此六君子者，未有不謹於禮者也。以著其義，以考其信，著有過，刑仁講讓，示民有常，如有不由此者，在勢者去，眾以為殃。是謂小康。

——《禮記·禮運》

1. 「三步走」構築小康夢

一九七九年十二月，鄧小平在會見日本首相大平正芳時，第一次提出了「小康」概念以及在二十世紀末中國達到「小康社會」的構想。

他說：我們要實現的四個現代化，是中國式的四個現代化。我們的四個現代化的概念，不是像你們那樣的現代化的概念，而是「小康之家」。到本世紀末，中國的四個現代化即使達到了某種目標，我們的國民生產總值也還是很低的。要達到第三世界中比較富裕一點的國家的水準，比如國民生產總值人均一千美元，也還得付出很大的努力。

黨的十二大正式引用了這一概念，並把它作為二十世紀末的戰略目標。

在「小康社會」人民的生活達到「小康水準」，這是指在溫飽的基礎上，生活品質進一步提高，達到豐衣足食。

「小康」源出《詩經》，是千百年來中國人對衣食無憂、平安幸福生活的熱切企盼與嚮往。

鄧小平把「小康」、「小康之家」同「中國式的現代化」緊密聯繫起來，從人民群眾的根本利益出發，樹立起當代中國的發展目標。

鄧小平說：所謂小康，就是到二十世紀末，國民生產總值人均八百美元。

所謂小康，就是中國人均國民生產總值達到中等國家水準。

黨的十二大因此確定，在二十世紀最後二十年，從一九八一年到本世紀末的二十年，中國經濟建設總的奮鬥目標是，在不斷提高經濟效益的前提下，力爭使全國工農業總產值翻兩番。

實現這個目標，城鄉人民的收入將成倍增長，人民物質生活可以達到小康水準。

一九八七年四月，鄧小平在會見西班牙客人時，明確提出了「三步走」實現中國現代化的戰略構想：

第一步，是在八〇年代翻一番。人均達到五百美元，解決人民的溫飽問題。

第二步，是到二十世紀末，再翻一番，人均達到一千美元，進入小康社會。

第三步，在二十一世紀再用三十年到五十年的時間，再翻兩番，大體上達到人均四千美元，基本實現現代化，達到中等發達國家的水準。

黨的十三大把鄧小平的這一戰略構想寫進了大會的報告中，作為我們黨和國家進行現代化建設的重要指導思想，並且把第三步目標實現的時間進一步確定為二十一世紀中葉。

2. 南方視察掀起追夢潮

一九七九年，鄧小平論及了另一個偉大的命題：社會主義可以搞市場經濟。

此後，他十餘次論證：「計畫和市場都是方法」，「社會主義與市場經濟之間不存在根本矛盾」。

他深刻感悟到，要實現小康，要發展生產力，「靠過去的經濟體制不能解決問題」，體制改革是必由之路。

在經歷了「計劃經濟為主，市場調節為輔」、「有計劃的商品經濟」兩個階段的體制改革之後，鄧小平在南方談話中明確指出：

計畫多一點還是市場多一點，不是社會主義與資本主義的本質區別。計劃經濟不等於社會主義，資本主義也有計畫；市場經濟不等於資本主義，社會主義也有市場。計畫和市場都是經濟手段。

這些話徹底解除了中國人追逐小康夢的路徑障礙。

一九九二年鄧小平南方談話以後，中國對外經濟關係發展迅速，對外貿易持續以兩位數的百分比增長。

一九九七年進出口總額為3251億美元，進入世界十大貿易國行列；一九九二至一九九七年實際利用外資額為2683.12億美元，是一九七九至一九九一年的3.4倍，成為中國現代化建設不可缺少的補充。

南方談話是改革開放史上的重大事件，對中國的歷史進程產生了

深遠的影響。

據統計：一九八九年初至一九九〇年底，鄧小平先後四次使用「穩定壓倒一切」。但從一九九一年起他不再講「穩定壓倒一切」，而是在思想和行動上都轉向了「改革壓倒一切」。

南方談話之後，中國人追逐小康夢達到高潮。廣東更是提出二十年趕超亞洲「四小龍」的追夢計畫。

今天，我們看到整個中國被市場經濟解放出來的生產力，我們感受到整個中國現代化發展的腳步，我們重溫鄧小平的講話，深刻體味著那追夢的激情和思想的力量：

「現在看翻兩番肯定能夠實現。這個話，我們過去是不敢講的，只是講翻兩番有可能實現，但是要花很大的力氣。經過四年的時間，『六五』計畫的主要生產指標三年完成，今年的計畫也將超額完成。過去說，如果前十年平均增長速度能夠達到6.5%，二十年平均增長速度能夠達到7.2%，翻兩番的目標就能夠實現。看來我們前十年的勢頭可能超過7.2%，因為前三年已經接近8%了。」

「翻兩番的意義很大。這意味著到本世紀末，年國民生產總值達到1萬億美元。從總量說，就居於世界前列了。這一萬億美元，反映到人民生活上，我們就叫小康水準；反映到國力上，就是較強的國家。因為到那時，如果拿國民生產總值的1%來搞國防，就是一百億，要改善一點裝備容易得很。據說蘇聯是20%的國民生產總值用於國防，為什麼他翻不起身來，就是負擔太沉重。一百億美元能夠辦很

南方談話之後，中國人追逐小康夢達到高潮。

多事情，如果用於科學教育，就可以開辦好多大學，普及教育也就可以用更多的力量來辦了。智力投資應該絕不止1%。現在我們是捉襟見肘，要增加一點教育經費、科研經費，困難得很。至於人民生活，到本世紀末達到小康水準，比現在要好得多。」

「如果實現了翻兩番，那時會是個什麼樣的政治局面？我看真正的安定團結是肯定的。國家的力量真正是強大起來了，中國在國際上的影響也會大大不同了。所以要埋頭苦幹，艱苦奮鬥。」

「翻兩番還有個重要意義，這就是一個新的起點。再花三十年到五十年時間，就可以接近經濟發達國家的水準。不是說制度，是說生產、生活水準。這是可能的，是可以看得見、摸得著的東西。要達到這個新的目標，離開對外開放政策不可能。現在中國的對外貿易額是四百多億美元吧？這麼一點進出口，就能實現翻兩番呀？中國年國民生產總值達到一萬億美元的時候，我們的產品怎麼辦？統統在國內銷？什麼都自己造？還不是要從外面買進來一批，自己的賣出去一批？所以說，沒有對外開放政策這一著，翻兩番困難，翻兩番之後再前進更困難。外國人擔心我們的開放政策會變，我說不會變。我說我們的奮鬥目標，本世紀末這是一個階段，還有第二個目標，要再花三十年到五十年達到，打慢一點，算五十年吧，五十年離不開開放政策。因為現在任何國家要發達起來，閉關自守都不可能。我們吃過這個苦頭，我們的老祖宗吃過這個苦頭。」

「中華人民共和國建立以後，第一個五年計畫時期是對外開放的，不過那時只能是對蘇聯東歐開放。以後關起門來，成就也有一

些，總的說來沒有多大發展。當然這有內外許多因素，包括我們的錯誤。歷史經驗教訓說明，不開放不行。開放傷害不了我們。」

南方談話在關鍵時刻撥正中國發展航向。鄧小平的女兒鄧榕當年陪同父親視察南方，她後來回憶說：自從鄧小平提出了「小康之家」的新概念之後，「小康」就成為他談論最多的一個詞。

在鄧小平的設計中，小康是一個很樸實的理想，就是國家富足，人民生活幸福美好。這是他一生奮鬥所追求的理想。

鄧榕說，鄧小平同志思考小康目標的根本出發點是來自社會主義的根本任務，是發展生產力的新思想。

帶領人民逐步解決「溫飽」、「小康」、「富裕」的問題，是「中國式的現代化」發展道路上的一個接著一個的目標。

鄧小平的希望是，到二〇〇〇年時中國的人均收入達到八百美元。

他用一個八十八歲高齡的老年人的政治智慧點亮了一盞燈，這是他生命之中最後的一盞燈，也是他生命之中最光輝的一盞燈。

南方談話已經成為中國人民逐夢小康的一份巨大的精神財富！

3. 繼往開來中國夢

一個嶄新的世紀已經開啟了，中國迎來了國家發展的重要戰略機

遇期。

全面建設小康社會的奮鬥目標，激勵著走在民族偉大復興道路上的每一位中國人。

經過中國幾代人的努力，中國到二○○○年已勝利實現「三步走」的前兩步戰略，總體上步入小康社會。

通過實踐，我們認識到小康社會也有一個發展和建設過程。小康社會既是發展戰略，也是發展階段。

面向二十一世紀，我們黨又在總體小康的基礎上提出，經過二十年的努力，使中國達到全面小康的目標。

總體小康到全面小康的主要差別在於：

前者是低標準的小康，人均八百至一千美元，屬於世界中下等國家收入的水準，後者是較高標準的小康，人均三千美元，屬於世界中上等國家的收入水準。

前者是偏重物質消費的小康，後者是經濟、政治、文化比較全面發展的小康；前者是不均衡的小康，在城鄉、地區和各階層之間很不均衡，後者是比較均衡的小康。

從消費學的消費類型來說，總體小康是生存型消費，主要是衣食住的生活消費，而全面小康是發展型消費，包括教育、文化、醫療保險、旅遊休閒、社會保障等消費。

全面建設小康社會的重點、難點在農村，尤其是偏僻落後的農村。

在中國這樣一個有十幾億人口的大國，建設現代農業，發展農村經濟，增加農民收入是一個艱難的歷史任務。

為了實現這個轉變，黨的後幾代領導人在不同時期為全面小康添加了更多的指標。

江澤民在建設物質文明和精神文明的基礎上又提出建設政治文明，並且把這三大文明（物質文明、政治文明、精神文明）同三大建設（經濟建設、政治建設、文化建設）聯繫起來，作為全面建設小康社會的科學內涵。

其中作為最重要的量化指標是，國內生產總值達到四萬億美元，人均達到三千美元；以資訊化帶動工業化，走新型工業化道路，實現社會主義工業化，那時城鄉人口結構將發生根本性變化，傳統的農業人口占多數的情況將成為過去，城鄉差別日益縮小。

胡錦濤同志又從新世紀新階段的發展全域出發，在總結新中國成立以來特別是改革開放以來的歷史經驗和吸收世界文明成果的基礎上，創造性地提出了以人為本、全面協調可持續的科學發展觀。

中國特色社會主義事業的總體布局從經濟建設、政治建設、文化建設三位一體拓展為經濟建設、政治建設、文化建設、社會建設四位一體，進而在黨的十七大上提出了全面建設小康社會的新要求。

科學發展觀的提出，解決了中國經濟發展歷程中，長期片面追求經濟發展速度和量的增長，輕視質的提高的問題。

經濟發展，必須堅持好字當頭，實現又好又快發展。

其中的量化指標為，增強發展協調性，努力實現經濟又好又快發展。轉變發展方式取得重大進展，在優化結構、提高效益、降低消耗、保護環境的基礎上，實現人均國內生產總值到二〇二〇年比二〇〇〇年翻兩番。

第二個目標是在二〇〇〇年達到小康水準，到二〇三〇年達到中等發達國家水準；科技進步對經濟增長的貢獻率大幅上升，使中國進入創新型國家行列。

一百年是漫長的也是短暫的。

我們這個民族，經過一百多年的求索與奮鬥，讓世界重新認識了中國，中國也以新的面貌融入了世界。

百年跨越，中國人跨越的絕不僅僅是一個時間的節點，伴隨著國家一起邁入二十一世紀的，是中華民族偉大復興的夢想。

第五章

中國夢，怎實現

怎樣實現中國夢？怎樣實現人民的願望？

首先是瞭解逐夢之道。習近平總書記說：實現中國夢必須走中國道路。這就是中國特色社會主義道路。實現中國夢必須弘揚中國精神。這就是以愛國主義為核心的民族精神，以改革創新為核心的時代精神。實現中國夢必須凝聚中國力量。這就是中國各族人民大團結的力量。

其次是掌握逐夢之術，即圓夢的方法、手段。那就是「五位一體」——堅持以經濟建設為中心，加快政治體制改革，加強社會建設改善民生，提高文化自覺與自信，推進生態文明建設，尤其要注意「必須把生態文明建設的理念、原則、目標等深刻融入和全面貫穿到中國經濟、政治、文化、社會建設的各方面和全過程」，最終要能夠造福於人民。

說得再好，沒有行動，夢永遠是夢。所有美好的夢想，都需要行動來實現。

再宏偉的藍圖不落實，終究在紙上；再遠大的理想不踐行，就是空想。實幹興邦，空談誤國。要全面形成解放思想、實事求是的良好氛圍，以實幹創未來。

經過三十多年經濟起飛、社會轉型，中國創造了成為世界第二大經濟體的發展奇跡，但「發展起來以後的問題」也接踵而至，發展失衡、分配不公、環境污染、道德失範、貪污腐化等問題日益凸顯。能不能突破發展瓶頸，避免陷入「中等收入陷阱」；能不能安全駛出改革深水區，開始社會主義現代化的新航程；能不能破解民生難題，讓民眾共用改革開放的發展成果……所有中國人都在期盼著。

一、逐夢之道

只要我們保持清醒頭腦，增強憂患意識，堅定對中國特色社會主義的理論自信、道路自信、制度自信，把解放思想、實事求是、與時俱進、求真務實、埋頭苦幹貫穿到實現中國夢的全過程，不懈探索和把握中國特色社會主義規律，堅定不移沿著正確的中國道路奮勇前進，實現中華民族偉大復興的中國夢就一定能實現。

道路連接過去和未來，是戰略選擇，是達到目標最基本的條件，決定一個國家和民族的命運。

沒有正確的道路，再光明的前景，再美好的夢想，都是無法實現的。

習近平總書記用三個「必須」勾畫了實現中國夢的具體路徑：

實現中國夢必須走中國道路。

實現中國夢必須弘揚中國精神。

實現中國夢必須凝聚中國力量。

這是改革開放三十多年偉大實踐的深刻結論，是對新中國六十多年持續探索的深刻總結，是對近代以來中華民族發展歷程的深刻揭示，也是對中華民族悠久文明傳承的深刻把握。

1. 實現中國夢必須走中國道路

中國道路就是中國特色社會主義道路。

這條道路來之不易，它是在改革開放三十多年的偉大實踐中走出來的，是在共和國六十多年的持續探索中走出來的，是在一百七十多年以來中國人民的浴血奮戰中走出來的，是在對中華民族五千多年悠久文明的傳承中走出來的。

中國特色社會主義道路有兩個特點：

首先，中國特色社會主義道路是一條愛國主義、集體主義道路。正如習近平總書記說的，國家好，民族好，大家才會好。

其次，中國特色社會主義道路是一條和諧發展、和平發展的道

路。習近平總書記說中國不僅是合作共贏的積極宣導者，更是合作共贏的切實踐行者。

中華民族是具有非凡創造力的民族，我們創造了偉大的中華文明，我們也能夠繼續拓展和走好適合中國國情的發展道路。

全國各族人民一定要增強對中國特色社會主義的理論自信、道路自信、制度自信，堅定不移沿著正確的中國道路奮勇前進。

2. 實現中國夢必須弘揚中國精神

中國精神就是以愛國主義為核心的民族精神，以改革創新為核心的時代精神。

這種精神是凝心聚力的興國之魂、強國之魄。愛國主義始終是把中華民族堅強團結在一起的精神力量，改革創新始終是鞭策我們在改革開放中與時俱進的精神力量。全國各族人民一定要弘揚偉大的民族精神和時代精神，不斷增強團結一心的精神紐帶、自強不息的精神動力，永遠朝氣蓬勃邁向未來。

以愛國主義為核心的民族精神，包括團結統一、愛好和平、勤勞勇敢、自強不息。它表現在三個方面：

一是對祖國的感情，對人民的熱愛，對祖國文化的認同。正如列寧所說的，愛國主義是千百年積聚起來的一種對國家和民族的愛。

空談是要誤國的，實幹才能興邦。

二是在國家主權完整遭到侵略的時候甘灑熱血、保衛祖國的激情。

三是共向中國夢，共圓中國夢的熱情。

民族精神的核心是愛國主義，這是中華民族的傳統和瑰寶。

在國家生死存亡的關頭，先人前輩的愛國精神驚天地而泣鬼神。當代中國，愛國主義同樣可歌可泣。尤其在國家危難時刻，如華東水災、SARS橫虐、粵北雪災、汶川地震，中央領導親臨前線，坐鎮指揮，全國上下眾志成城，一方有難，八方支援，愛我家園、愛我中華的民族精神在危機災難中築成一道道鋼鐵長城。

以改革創新為核心的時代精神則主要體現在解放思想、開拓進取、攻堅克難、與時俱進。

這一點，廣東體現得最為突出。像廣東創造的「三來一補」、「四通一平」、「築巢引鳳」、「兩頭在外」、「外引內聯」、「借船出海」、「以路養路」等等，都是解放思想、與時俱進的表現。

「時間就是金錢，效率就是生命」生於特區，「空談誤國，實幹興邦」發於特區，廣東，在時代精神方面做出了突出的貢獻。

中國精神還有一個重要的特點，就是「貴和持中」。

西方文化是太陽文化，粗獷、剛烈，甚至是偏激；中國文化是月亮文化，含蓄、陰柔、適度。

利瑪竇研究中國文化幾十年，他得出結論：中國文化是一個不侵略、不擴張的文化。

中國精神、中國文化講究的是溫柔敦厚的中庸之道，沉潛著中性之美、中性智慧。

3. 實現中國夢必須凝聚中國力量

中國力量就是中國各族人民大團結的力量。

中國夢是民族的夢，也是每個中國人的夢。

只要我們緊密團結，萬眾一心，為實現共同夢想而奮鬥，實現夢想的力量就無比強大，我們每個人為實現自己夢想的努力就擁有廣闊的空間。

生活在我們偉大祖國和偉大時代的中國人民，共同享有人生出彩的機會，共同享有夢想成真的機會，共同享有同祖國和時代一起成長與進步的機會。

有夢想，有機會，有奮鬥，一切美好的東西都能夠創造出來。

全國各族人民一定要牢記使命，心往一處想，勁往一處使，用十三億人的智慧和力量彙集起不可戰勝的磅礴力量。

凝聚中國各族人民大團結的力量，主要包括三個方面：

一是要依靠全體人民共同擔當，共築中國夢。

二是要造福人民，解決人民的現實問題，包括教育問題、醫療問題、住房問題、社保問題、環境問題等等。

三是建立公平、公開、公正的體制，使人人都有出彩的機會，有夢想成真的機會，有與時代和祖國共同進步的機會，實現機會均等。

凝聚中國力量還必須弘揚社會主義核心價值觀，發揮黨的堅強領導核心作用。

十八大將社會主義核心價值觀概括為三個層面：國家層面是富強、民主、文明、和諧；社會層面是自由、平等、公正、法治；個人層面是愛國、敬業、誠信、友善。

弘揚社會主義核心價值觀涉及三個重點群體，領導、民企、青少年。領導是重中之重，要發揮帶頭作用。

中國特色社會主義道路是一條前無古人、不能複製的道路。前途是光明的，道路是曲折的。實現中國夢不可能一帆風順，關鍵在於增強定力。

只要我們保持清醒頭腦，增強憂患意識，堅定對中國特色社會主義的理論自信、道路自信、制度自信，把解放思想、實事求是、與時俱進、求真務實、埋頭苦幹貫穿到實現中國夢的全過程，不懈探索和把握中國特色社會主義規律，堅定不移沿著正確的中國道路奮勇前進，實現中華民族偉大復興的中國夢就一定能實現。

二、逐夢之術

　　經濟建設、政治建設、文化建設、社會建設和生態建設
「五位一體」，這是中國人民共築中國夢的五個突破點。

　　黨的十八大召開，中國迎來了一個關鍵的時刻。共和國新一代領導人，將開啟中國政治、經濟、文化、社會、生態文明建設的新局面。黨的十八大決定了未來五到十年乃至三十年的基本路線、方針和政策。

　　改革開放初期，我們黨根據中國的具體實際，提出了進行社會主義物質文明建設和精神文明建設的思想。

　　黨的十六大在「兩個文明」建設取得豐碩成果的基礎上，又根據中國改革和發展的新要求，提出社會主義物質文明、政治文明和精神文明協調發展的科學論斷。

　　黨的十七大適應國內外形勢的新變化，順應各族人民過上更好生活的新期待，把握經濟社會發展趨勢和規律，提出了經濟建設、政治建設、文化建設、社會建設「四位元一體」的基本目標和基本綱領。

　　黨的十八大則把生態文明單列出來，形成了經濟建設、政治建設、文化建設、社會建設和生態建設的「五位一體」，這是中國人民共築中國夢的五個突破點。

十八屆三中全會則指出，必須更加注重改革的系統性、整體性、協同性，加快發展社會主義市場經濟、民主政治、先進文化、和諧社會、生態文明。

1. 以經濟建設為中心

黨的十八大報告有一個最大的亮點是「經濟建設中心」。

報告說：以經濟建設為中心是興國之要，發展仍然是解決中國所有問題的關鍵，必須堅持發展是硬道理的戰略思想，絕不能有絲毫動搖。

報告說：在當代中國，堅持「發展是硬道理」的本質要求就是要堅持科學發展。以科學發展為主題，以加快轉變經濟發展方式為主線，是關係中國發展全域的戰略選擇。

十八屆三中全會指出，經濟體制改革是全面深化改革的重點，核心問題是處理好政府和市場的關係，使市場在資源配置中起決定性作用和更好發揮政府作用。

中國是一個人口大國，一個發展中的大國，經濟建設始終是重中之重，要堅持發展，堅持做大蛋糕。

但發展的立足點變了。我們強調的不再是過去的數字、數量，而要轉到提高品質和效益上去。

經濟發展的戰略任務也有調整，著力激發各類市場主體發展的新活力，著力增強創新驅動的發展新動力，著力構建現代產業發展新體系，著力培育開放型的經濟發展新優勢。

經濟要發展，更多的要依靠內需特別是消費需求的拉動，更多的要依靠現代服務業和戰略性的新興產業的帶動。

要推動國家實現新的「四化」，即工業化、資訊化、城鎮化和農業現代化。

要實現上述目標，一是要全面深化經濟體制改革，加快經濟發展方式的轉變；二是要實施創新驅動發展戰略；三是要推進經濟結構的戰略性調整；四是推動城鄉發展的一體化；五是全面提高開放型經濟水準。

中國已是世界第二大經濟體，中國未來經濟的走向特別引人關注，中國必須要轉變增長模式。

轉變的出路在哪裡？

就是要進行體制改革，否則貧富懸殊、分配不公、吏治腐敗、惡劣的土地環境、扭曲的工業化、畸形的城市化、社會的衝突都會愈演愈烈，甚至演變為社會危機。

所謂體制改革，一是改「體」，改的是組織結構；二是改「制」，改的是規章制度。

我們在經濟、政治、文化、社會、生態各個領域都要進行這樣的改革。而中國特色社會主義發展的主軸——以經濟建設為中心的基本路線仍然不會變，基本路線管一百年。

2. 政治體制改革走在前

　　黨的十八大報告中指出：「改革開放以來，我們總結發展社會主義民主正反兩方面經驗，強調人民民主是社會主義的生命，堅持國家一切權力屬於人民，不斷推進政治體制改革，社會主義民主政治建設取得重大進展，成功開闢和堅持了中國特色社會主義政治發展道路，為實現最廣泛的人民民主確立了正確方向。」

　　以往在談到政治體制改革的時候，人們總是有一個誤區，認為中國的經濟建設的確搞得很好，但是政治體制改革卻是拖後腿的。

　　十八大報告幫助大家走出了誤區。回過頭去看改革開放這三十多年，取得了很大成就，而改革的步伐每邁出一步，實際上政治體制改革都是走在前面的。

　　改革開放初期要實行家庭聯產承包責任制，首先就要解決當時的人民公社體制，這就是政治體制改革。十一屆三中全會提出全黨工作的重點和全國人民的注意力轉移到社會主義現代化建設上來。

　　十二大有一個明確的規定，不要搞個人崇拜。彭真主持修訂了「八二憲法」，提出中共領導人民去制訂憲法和法律，中共領導人民

遵守憲法和法律，中共自己也要在憲法和法律的範圍之內活動，這也是政治體制改革。

再譬如社會主義商品經濟的概念，廣東省社科院早在一九六二年就提出來了。一九八四年的時候，廣東經濟學界已經在討論社會主義市場經濟的問題。

這些事例都說明，經濟體制改革的推進，必然是思想解放與政治體制改革走在前面。

黨的十三大曾提出一個觀點，就是不進行政治體制改革，經濟體制改革不可能最終取得成功。

此後，我黨的歷次大會都是在建設社會主義政治文明、發展社會主義民主政治這個框架裡，來談政治體制改革，提法也非常謹慎。

十四大的提法是「必須按照民主化和法制化緊密結合的要求，積極推進政治體制改革」；

十五大的提法是「在堅持四項基本原則的前提下繼續推進政治體制改革」；

十六大的提法是「必須在堅持四項基本原則的前提下，繼續積極穩妥地推進政治體制改革」；

十七大的提法是「深化政治體制改革，必須堅持正確政治方向」；

十八大的提法是「堅持走中國特色社會主義政治發展道路和推進政治體制改革」。

以上均說明了中國的經濟體制改革、政治體制改革是不斷地進行，同時也說明政治體制改革在十八大以後要被提到一個更重要的位置。

十八大以後中國的政治體制改革一定會展開，但是這個展開是要積極穩妥地前進。

十八屆三中全會進一步提出：「發展社會主義民主政治」，「以保證人民當家作主為根本」。

用報告的話來說，就是要堅持走中國特色社會主義政治發展的道路，堅持中國特色社會主義基本政治制度，絕不照搬西方政治制度的模式。

有學者認為，在政治體制改革和經濟體制改革中間，應該有一個社會體制改革。通過社會建設和社會體制改革，培育公民社會，壯大中產階級，為政治體制改革準備文化、思想的基礎以及各種各樣必要的條件。

當前，改革比較穩妥而有效的方法就是，用黨內的民主去推動社會的民主，用行政管理的改革來助推政治體制的改革，用社會體制的建設來推進政治體制的建設。

實際上，我們一路走來，就是這樣做的。

老百姓口中的幸福就是：「學有所教，勞有所得，病有所醫，老有所養，住有所居。」

3. 文化建設提升文化自覺和文化自信

文化引領時代風氣之先，是最需要創新的領域。

文化資源與文化產業已成為推動人類社會發展的先進生產力代表，解放和發展文化生產力對緩解人與環境的矛盾，轉變經濟發展方式具有重要的引領與示範性意義。

在十八大的報告中，文化建設被放到了很重要的位置，報告關於文化建設的表述有三個亮點：

第一個是「建設社會主義文化強國」，這是重大的戰略決策。

第二個是「必須走中國特色社會主義文化發展道路」，包括兩個方向、兩個方針、三個原則。

第三個是「樹立高度的文化自覺和文化自信」。

十八屆三中全會除了再次提出「建設社會主義文化強國」，還提出要「增強國家文化軟實力」。

早在改革開放剛開始時，曾有海外人士撰文提醒，說中國面臨的不僅僅是振興中國經濟的問題，更是要振興中國文化的問題，它不僅僅是關係到中國經濟改革開放能否成功的問題，也是關係到中共今後能否長期穩定執政的問題。

這十年來，我們在建設社會主義文化強國上，邁出了很大的步伐——堅持社會主義先進文化前進方向，堅持中國特色社會主義文化

發展道路，堅持以人民為中心的工作導向。

要完善文化管理體制，建立健全現代文化市場體系，構建現代公共文化服務體系，提高文化開放水準。

要扎實推進社會主義文化強國建設：一是要加強社會主義核心價值體系建設；二是要全面提高公民道德素質；三是要豐富人民精神文化生活；四是要增強文化整體實力和競爭力。

這些都表明了今後文化建設要達到的深度與廣度。

4. 社會建設改善民生

社會建設有九類，包括民生事業、社會事業、社會分配、城鄉社區、社會組織、社會規範、社會管理、社會體制和社會結構。

很多學者都認為中國的社會建設應該分三個階段：

第一個階段主要是保障和改善民生事業、社會事業，來化解社會矛盾，解決社會問題。

第二個階段是十八大以後，著力推進社會體制改革，來創新社會政策，完善社會管理。

第三個階段就是本世紀中葉二〇四〇年前後，要形成與社會主義市場經濟體制相適應的、與現代化經濟結構相協調的現代化社會結構。

中國夢的實現路徑不是空談，而是實幹。

　　黨的十六大給全面建設小康社會提了十個標準：人均GDP要達3000美元，城鎮居民可支配收入是1.8萬元，農村居民家庭人均純收入8000元，恩格爾係數低於40％，城鎮人均居住面積是30平方米，城鎮化率達到50％，居民家用電腦普及率20％，大學生入學率20％，每千人醫生數2.8人，城鎮居民最低生活保障率95％以上。有學者認為，我們在經濟的指標上能夠達到這些標準，但是在社會的層面上沒有完成任務。

十八大提出「在改善民生和創新管理中加強社會建設」。

報告指出，加強社會建設是社會和諧、穩定的重要保證，必須從維護最廣大人民根本利益的高度，加快健全基本公共服務體系，加強和創新社會管理，推動社會主義和諧社會的建設。

改善民生和社會建設連在一起，尤其是教育、分配、醫療、養老、居住五個方面，十八大提的口號是「學有所教，勞有所得，病有所醫，老有所養，住有所居」。

未來五到十年，在整個公共服務均等化領域，人民最關心的教育、醫療、養老、住房、分配等領域，都將會有比較大的動作。

像三中全會提出的那樣，從維護最廣大人民根本利益出發，加快社會事業改革，創新社會管理，提高社會治理水準，改進社會治理方式，解決最實際問題，讓發展成果更多更公平惠及全體人民。

5. 生態文明建設鑄造「美麗中國」

傳統的「生態文明」概念，主要是指環境的生態。十八大之後，一個全新的「生態文明」概念出現在我們的生活中。

這是一個大的生態文明概念，它指的是政治的生態、經濟的生態、社會的生態、文化的生態。

胡錦濤同志在「7‧23」講話中指出，必須把生態文明建設的理

念、原則、目標等深刻融入和全面貫穿到中國經濟、政治、文化、社會建設的各方面和全過程。

這是十八大提出「大力推進生態文明建設」背後的核心理念。

「生態文明」不僅僅是青山綠水，藍天白雲。

「美麗中國」不僅僅是人與自然的和諧。

「生態文明」指的是一種整體性的社會文明發展狀態，在「生態文明」的新視域下，我們將關注經濟生態、政治生態、文化生態、社會生態、自然生態，讓一切人類的文明都將達到完整的和諧統一。

「美麗中國」，就是所有這些文明和諧統一的中國。

三、逐夢之行

「『三個定位、兩個率先』，是習近平總書記對廣東的殷切期望，是十八大精神對廣東要求的具體化，是廣東今後工作的總目標。」廣東省委書記胡春華帶領全省幹部群眾吹響了起航的號角，並告誡廣大黨員幹部：「再宏偉的藍圖不落實終究在紙上，再遠大的理想不踐行就是空想。實幹興邦，空談誤國。要在全省形成解放思想、實事求是的良好氛圍，以實幹創未來。」

一直是夢想之地的廣東，在中國夢這一偉大的戰略面前，肩負著重要的使命。

二〇一二年十二月，中央新一屆領導集體履新後，習近平總書記將離京考察的第一站選在了廣東。

總書記殷殷期望廣東：努力成為發展中國特色社會主義的排頭兵、深化改革開放的先行地、探索科學發展的實驗區，為率先全面建成小康社會、率先基本實現社會主義現代化而奮鬥。總書記的話，給廣東鼓足了「改革創新再出發」的士氣。

經濟總量連續二十五年（截至2013年）位居全國第一的廣東，又一次感受到春天的召喚。

面對資源環境約束、發展方式粗放、發展不平衡不協調等深層次矛盾和問題，廣東又該如何領跑？

「『三個定位、兩個率先』，是總書記對廣東的殷切期望，是十八大精神對廣東要求的具體化，是廣東今後工作的總目標。」省委告誡廣大黨員幹部：

再宏偉的藍圖不落實終究在紙上，再遠大的理想不踐行就是空想。實幹興邦，空談誤國。要在全省形成解放思想、實事求是的良好氛圍，以實幹創未來。

二〇一三年，是《珠江三角洲地區改革發展規劃綱要（2008-2020年）》「四年大發展」轉入「九年大跨越」的轉折之年、起步之年。

到二〇一七年，珠三角要在推進轉型升級中加快發展，在率先全面建成小康社會中取得決定性成效。

基本建立完善的社會主義市場經濟體制，科學發展的體制機制更加完善，經濟發展方式取得顯著進展，形成具有世界先進水準的科技創新能力，粵港澳合作和區域一體化達到更高水準，生態環境明顯改善，社會軟實力明顯增強，人民生活水準全面提高。

既要「騰籠換鳥」，又要「鳳凰涅槃」；既要升級，又要均衡；既要效率，也要公平。廣東比的，已不只是GDP的表面數字，還有GDP的品質。

廣東十分清醒：排頭兵要比總量，更要比結構、比品質、比發展的協調性和可持續性，不打造好「升級版」，一旦丟掉轉型升級排頭兵的位次，廣東再難領先。

廣東還要進一步深入改革，首先是「傷筋動骨」的行政審批體制改革，力爭到二〇一五年，將廣東建成全國行政審批項目最少、行政效率最高、行政成本最低和行政過程最透明的地區。

把對外開放和擴大內需很好地結合起來，深入推進重點領域和關鍵環節改革，扎實做好保障和改善民生工作，進一步開創廣東發展新局面。

廣東在用實幹托舉中國夢，這些動力，都來自廣東各階層人民對中國夢的殷切期盼。

今日廣東，仍然要打造激動人心的「夢工廠」，要用自身的行動共同築就中國夢。

1. 用理想信念提升中國夢

這是實現中國夢的一個基本前提。

我們這個國家，這個民族，現在非常需要理想信念。習近平總書記說，我們每個人都要有夢，要敢於有夢，勇於追夢，勤於圓夢，而且要把自己的夢和國家的夢、民族的夢結合起來。中國夢本身是一種理想，在建立新中國的過程中，眾多革命前輩、革命烈士已給我們做出了典範；而在改革開放的過程中，作為排頭兵的廣東也有眾多追求理想、實現夢想的感人實例。

抓住機遇共同築夢

南嶺村是深圳市龍崗區南灣街道的一個行政村，面積4.12平方公里，那裡曾因為貧窮被戲稱為「鴨屎圍」，如今卻搖身一變，成為響噹噹的「中國第一村」。二〇〇八年，南嶺村淨資產就達到13億元，村民人均純收入15萬元，二〇一二年，南嶺村集體經濟收入高達2.7億元，上繳國家稅收1.8億元。

南嶺村充分發揮基層黨組織的戰鬥堡壘作用，以經濟建設為中心，抓住發展機遇，堅定不移地帶領群眾走共同富裕道路，實現了南

嶺村的「四次飛躍」。

抓住改革開放的機遇，實現了第一次飛躍。一九八三年南嶺村委會成立後，提出了「走集體主義道路，十年內使村民吃飽飯、有新房住、有錢花、健康長壽」的目標，開始內引外聯，大力發展工業，一九八六年建起了第一個工業區。至一九九一年底，集體分配已超過一萬元，被廣東省委、省政府授予「南粵農村十面紅旗」和「文明單位」的光榮稱號。

抓住鄧小平南方講話機遇，實現了第二次飛躍。一九九二年初，黨總支和村委會制訂了新的發展經濟規劃，提出「用五年時間追趕『亞洲四小龍』」的口號，先後投資九千多萬元興建了第二個工業區，共引進八家外資企業。穩定的廠房租金收入確保了經濟的進一步發展。

抓住深圳市委宣傳南嶺村的機遇，實現了第三次飛躍。一九九七年，中共中央宣傳部確定南嶺村為「全國精神文明創建活動示範點」，深圳市委市政府發出了向南嶺村學習的號召。村黨總支在一個多月時間裡組織召開群眾大會十次，查找不足，研究、落實改進措施，並提出「改善經濟結構、加速全面發展」的新目標。先後投資八千多萬元興建了第三個工業區，吸引了日本和臺灣、香港及內地的十家技術含量較高的企業前來落戶。隨著外來人口的不斷增長，南嶺村不失時機地發展商業、旅遊業，建綜合市場、水山公園和三星級的度假村酒店，增加了新的經濟增長點。

抓住「兩思」教育機遇，實現了第四次飛躍。二○○○年二月二十二日，江澤民同志視察南嶺村，發出了「致富思源、富而思進」的號召，成為指引南嶺村邁向新世紀的巨大精神動力。村黨總支經過充分的論證，提出實現「經濟強村、科技新村、文化新村、花園新村、旅遊新村、長壽新村」的「六村」目標。

2. 用發奮學習引領中國夢

這是實現中國夢的階梯，也是實現我們個人夢的階梯。

有統計資料顯示，二○一二年中國國民人均紙質圖書閱讀量為4.39本，韓國為11本，法國為8.4本，日本為8.5本，美國為7本，韓國、日本、法國基本上是我們的一倍。

雖然這幾年中國特別是廣東在進步，讀書量在增多，但與發達國家還有很大的距離。對於其他國家的良好習慣，我們應該認真學習。

只有把讀書作為一種生活的追求、一種習慣、一種生活的需要，這個民族才不被眼前的困難所嚇倒，才能不斷進步。

夢圓北大的寒門子弟

在清遠市陽山縣出生、長大的戴蘇平，父母務農，家境清貧。戴蘇平完成了九年義務教育後，戴蘇平只能選擇一所費用較低的中專學校。即便如此，家裡的弟弟還是為之付出了小學輟學的代價。

在十九歲中專畢業那年開始，戴蘇平曾輾轉陽山、連州、廣州等地打工。打工之餘，他通過自學考試同時報讀了兩門不同專業方向的大專課程，並利用一切空餘時間埋頭讀書。經過一年多的奮鬥，他獲得了兩個大專文憑，二十一歲那年回到縣裡當上一名中學數學教師。因為他平時愛寫點文章，文筆不錯，他又被陽山縣文化廣電新聞出版局看重而被調到了辦公室做文職工作。

二〇一一年，廣東團省委推出被稱為「圓夢計畫」的「新生代農民工骨幹培養發展計畫」，要求每個地級以上市至少實施一個「圓夢100」項目，資助一百名新生代農民工攻讀繼續教育專科、本科學位。戴蘇平在報紙上看到消息，沉寂已久的大學夢被重新點燃。他馬上報名參加入學考試，目標瞄準了北大的法學系本科課程。為了準備入學考試，他所有的業餘時間都用來研讀民法，把全國司法考試的北大教材、磁帶等學習材料都買來反復聽、反復讀。每天刻苦用功，讓他最終以全省總分第四的成績，考上了北大網路遠端教育的法學專業。

二〇一二年，在廣東團省委的推動和鼓勵下，他抱著試試看的心態報考了鄉鎮公務員考試，結果順利通過了考試，被陽山縣嶺背鎮人民政府錄用，成為了一名公務員。

3. 用提速轉型夯實中國夢

這對廣東而言是當務之急。

廣東現在的主要問題是發展不平衡，珠三角地區二〇一二年的人均GDP為13000美元，粵東為3900美元，粵西4900美元，最低的粵北只有3800美元。

當前對於廣東來說，一方面要轉型升級，另一方面要加快發展。

一是要制定完善區域發展總體規劃，實現「三個一」：一核，就是珠三角核心區，定位為現代服務業和高端先進製造業；一帶，就是沿海一線，定位為港口物流及臨港工業；一環，就是東西北山區面向廣西、湖南、江西、福建，定位為特色產業、生態農業及加工、旅遊業。

二是要加大基礎設施工程投資。「十二五」期間，廣東將安排交通運輸重點建設專案一百八十九項，總投資二萬億元，做到縣縣通高速。

三是打造廣州南沙、深圳前海、珠海橫琴等一批加快轉型升級的重大平臺，譬如南沙現在已經升級為國家的開發新區。

四是堅持走新型城鎮化發展道路。中國將來拉動內需、轉型升級的突破口在城鎮化。

所謂新型城鎮化就是集約發展、多元形態、三化同步、兩手結合、以人為本。

集約發展，指的是人和自然可持續發展；

多元形態，就是大中小城市都要發展，以大城市為主，廣東未來

要建設四個城市群，珠三角是世界一流的大城市群，把澳門、香港連接起來，超過長三角，另外還要發展粵東城市群、粵西城市群、粵北城市群；

三化同步，就是工業化、城鎮化、農業現代化；

兩手結合，即把政府這只「看得見」的手和市場這只「看不見」的手結合起來；

以人為本，就是千方百計解決就業、公共服務、生存、環境等與人有關的問題，圍繞這些來推進新型城市化。

夢想升級：從「三來一補」到科技興鎮

享譽中外的東莞石龍鎮，按二〇〇七年的經濟指標計算，每平方公里創造工業產值11.65億元，資訊產業占全鎮GDP比重達80%以上。石龍鎮從創業的第一天起就面臨土地資源匱乏的困境——行政區域面積僅5.96平方公里，後來經過調整，也只有11.3平方公里，是東莞最小的鎮。但這反而成為了石龍人轉變經濟社會發展觀念的動力。在改革開放的潮流中，他們最早適應，並且抓住了商機。

利用臨近深圳、香港的優勢，十三屆三中全會以前，石龍鎮就已經開始通過引進外資，大力發展工業。政策更加開放以後，東莞利用舊祠堂、會堂、飯堂、倉庫辦企業，掀起了「三來一補」外貿形式的序幕。由於工業基礎最好，交通最便利，石龍從東莞幾個工業鎮中脫

穎而出，成為港資轉移的第一站，吸引了大量「三來一補」業務。

一開始，石龍人主要從事的是服裝業，這些港資服裝企業雖然為石龍帶來了豐厚的收入，但環境污染、資源消耗大、附加值低等問題也日益凸顯。石龍人很快意識到問題，於是在八〇年代後期就先於其他鎮，乃至先於全國提出了「科技興鎮」的戰略。這一戰略，深入到石龍企業家的骨髓裡，也深入到政府工作的方方面面。一九八七至一九九一年，石龍經濟持續高速增長，其中有56.6%是科技帶來的，比起全省平均數高出一大截。隨著日本京瓷光學公司、臺灣唯冠科技、內地北大方正等一批知名高新技術企業進駐，石龍鎮成功轉型，發展為一個成熟的電子資訊產業集群。

4. 用改革創新助推中國夢

改革創新是一個民族，也是廣東轉型升級的靈魂和不竭動力。

（1）抓好行政審批標準化改革。

廣東改革開放已三十多年，所有審批流程不能再有「萬里長征圖」。

一個投資項目從立項到審批，要跑二十個局（委、辦）、五十三個處室（中心站），蓋一百零八個章，共需七百九十九個審批工作日，這種情況再也不能出現。

（2）深化收入分配制度改革。

實現居民收入增長和經濟發展同步，勞動報酬增長和勞動生產率提高同步；提高居民收入在國民收入分配中的比例，提高勞動報酬在初次分配中的比重。重中之重是擴大中等收入。一個國家、一個民族要靠中等收入這個群體來穩定，否則實現「中國夢」就是一句空話。

（3）實施創新驅動發展戰略。

其一，抓好工業設計城建設，借鑑順德北滘「集聚」、「批量」的發展思路。

所謂集聚，是提出一個創新要求，吸引一批精英，把各種技術聚合到一起。

所謂批量就是投資分成。大家談好各自占的比例，按照收益承擔風險，效率非常高。

其二，依靠企業。深圳創新百分之九十是靠企業。二〇一二年，華為一個企業的生產銷售量就是二千多億元，稅收是一百五十多億元，相當於內地一個地級市的收入。

靠什麼？主要靠創新。華為在全世界一百多個國家有自己的分支機構、研發機構，內部實行末位淘汰制，競爭非常激烈，發展日新月異。

其三，鼓勵個人創新，特別是年輕人要勇於創新，這是我們民族的希望所在。

高科技產業的夢工廠

二〇〇〇年十一月十五日，中國智慧財產權局正式向國際公告了「IBit全數位音訊功率放大器及其超大規模集成晶片」發明專利，這使日本同行大驚失色：怎麼就被中國人搶佔了先機？申請這一發明專利的，是一家成立於內蒙古茫茫大草原的民營企業，總經理閆文革稱：「沒有高交會就沒有我們的今天。」

一九九一年五月，閆文革辭職下海，在內蒙古赤峰市註冊了一家名為紅山區索威電器有限公司的個體企業。他懷抱著一個夢想，就是把自己辛勤研究出來的科研成果「共點同軸技術」轉化為產品。

索威的產品填補了中國在該領域的空白，成為了英國的天朗、開佛之後世界上第三傢俱有自主智慧財產權的同軸揚聲器。隨著公司的發展，閆文革希望找到一個更適合高科技企業發展的地方。他到了海南，整整奔波了一年也沒能紮下根，又回到了內蒙古。

一九九九年七月，閆文革接到有關部門發來的關於參加深圳高交會的徵詢函。十月五日，索威在高交會館B5館精彩亮相，共點同軸揚聲器發出了讓「發燒友」們欲罷不能的震天音樂，媒體爭相報導，二十多家風險投資商伸出了橄欖枝。沒多久，閆文革迫不及待地將公司搬到了深圳蛇口工業區。

在高交會的推進下，深圳創新產業群逐步成型。高交會宛如一根金線，串起技術、產品、資本、人才等要素，逐步織起深圳自主創新能力飛躍和高科技產業騰飛的夢想。被譽為「中國科技第一展」的高

交會，是名副其實的「創新、創業、創富」的「夢工廠」，為中國成就了包括騰訊馬化騰在內的一大批創新型創業家，成功地培育了一批擁有自主創新能力的高科技企業。二○○九年深圳市高新技術產品產值實現了創紀錄的8507.81億元，約占全國的六分之一，超過北京、上海居全國各城市首位。

5. 用誠實守信扮美中國夢

這是當前中國建設的一個根本問題、突出問題。

創造良好的市場經濟環境、維護正常的市場秩序、培育誠實守信的市場道德，是實現中國夢的重要工作。欺行霸市、制假售假、商業賄賂扭曲市場機制、危害群眾的生命財產安全、破壞公平競爭和正常交易秩序、阻礙市場經濟健康發展，都是影響經濟發展和社會穩定的「毒瘤」。

近年來，廣東積極探索建設社會信用體系和市場監管體系，取得一定成效。

在社會信用體系方面，廣東率先出臺國內第一部地方性法規《廣東省企業信用資訊公開條例》，建成廣東企業信用資訊網，並初步實現了政府相關部門信用資訊資源的整合共用。

深圳、廣州、惠州、雲浮等市在構建聯合徵信系統、完善企業信用資訊體系、加快農村信用體系建設等方面做了大量扎實有效的探索。

在市場監管體系方面，制定了《廣東省查處生產銷售假冒偽劣商品違法行為條例》、《廣東省查處無照經營違法行為條例》等一大批地方性法規。

大力開展行政審批制度改革，取消、調整和下放一大批行政審批事項。同時，在深圳、順德等地開展了市場監管大部門體制改革試點，促進了市場監管體制和運行機制的優化。

廣東將力爭用五年時間基本建成與科學發展要求和市場經濟取向相適應的社會信用和市場監管體系框架。

誠信助力夢想成真

東莞華輝電腦有限公司總經理羅銘華是東莞橋頭鎮人，家境殷實，但是在他念高中的時候，父親病逝，生意因不景氣而結業，家庭的經濟支柱轟然倒下，就連家裡的朋友也漸變疏遠、冷漠。重振家業成為羅銘華奮鬥的目標和努力的方向。

二○○○年，完成大專學業之後，羅銘華回到東莞考入廣東發展銀行。但羅銘華對自己人生路的選擇是要創業，而方向就是以大學課餘時間自學的電腦組裝維修技術，組建自己的電腦維修店。辭掉銀行的工作後，羅銘華開設了華輝電腦經營部，一開始只有三名工作人員，其業務壯大依靠的就是「信譽第一」、「以誠取信」、「品質優先」、「親力親為」、「信守承諾」等理念。

有一次，羅銘華為客戶提供了一批電腦主機板，事後有客戶在喝茶閒聊時提了一下說使用新主機板的電腦開機速度慢了，羅銘華就馬上安排員工上門檢修，當查明了是新主機板的問題影響了開機速度後，主動為所有使用該批主機板的客戶更換產品並親自上門道歉。在羅銘華十三年的創業路上，誠信經營是他最為人稱道的優點，幫助電腦公司不斷地取得新老客戶和同行的信任，業務不斷發展，從一家小小的電腦維修店迅速發展成為集電腦銷售、配件耗材、網路工程、軟體發展、維修服務於一體的技術型服務企業，也讓他的企業連續十年獲得「東莞市重合同守信用企業」、「廣東省重合同守信用企業」等榮譽。

6. 用艱苦奮鬥鑄就中國夢

　　中國夢，說到底要靠奮鬥，靠個人的奮鬥，靠家庭的奮鬥，靠國家的奮鬥，這是一個傳家寶。

　　溫家寶總理曾經告訴我們，要記住兩個算式，一個算式是除法，一個是乘法。

　　除法就是，現在八點三萬億的經濟總量，除以十三億就是六千美元，總量排在世界第二位，人均卻排七十多位。

　　乘法就是，一個國家每個人浪費一度電、一滴水，乘以時三億也不得了。

因此，無論是以往的國家領導人，還是今天的習近平總書記，都反復告訴人民要保持艱苦奮鬥的精神。

多勞多得的財富夢

凱達玩具廠，一家由香港凱達實業有限公司經營的企業，是改革開放後內地第一家港商獨資企業，超過千人的企業規模撐起當年蛇口工業區的「半壁江山」。在凱達玩具廠打工的女工，被稱作「凱達妹」，她們是中國第一代外來工，見證了蛇口從荒蕪走向繁榮。

一九八一年，第一批進入凱達的打工妹，來自廣東、福建各個地方，最小的十六七歲，多數是十八九歲。工廠包吃包住，打工妹一個月還有八十元工資，比一般剛參加工作的人高出四倍。一九八二年四月，女工李惠蓮忐忑不安地走進工廠的寫字樓，詢問會計是否發錯了工資。上班的第一個月，她的工資比別人多了一百多塊錢。會計說沒有錯，因為裡面有很大一筆錢是超產獎。打工妹們才知道，原來這就叫「多勞多得」。

那時候的打工者，優越感無處不在。在大部分老百姓還買不起黑白電視機的時候，很多「凱達妹」工作一年就能買得起日本產的彩色電視機。「凱達妹」的自信，來自於勞動，她們憑藉自己的努力，給蛇口帶來了繁華，也改變了自己的命運，她們後來有的開了餐飲公司，有的當了銀行經理，還有的成為金融投資商或者政府官員。從一無所有，到擁有財富和地位，「凱達妹」感受到自己是這片土地的主人翁。

第六章

中國夢，我的夢

「中國夢，我的夢」。

我們個人的夢想與國家的夢想水乳交融，個人的價值與國家的發展、民族的興旺、時代的進步相得益彰。

中國夢是由無數小小的夢構成的，「我」就是那崇高中國「夢旋律」中的一枚音符，就是那美麗中國「夢工廠」裡的一顆螺絲釘。無數個「我」的夢彙聚為國家的大夢，無數人的夢想、追求、激情燃燒為中國追夢、圓夢的歲月。

中國夢的實現，孕育在我們每一個人的身邊。

一、人人尋夢

　　中國夢是實現中華民族的偉大復興，它既顯示了國家發展的戰略目標和宏偉藍圖，也包含了每個中國人的夢。

　　習近平總書記強調，「中國夢歸根到底是人民的夢，必須緊緊依靠人民來實現，必須不斷為人民造福」。

　　這表明：中國夢的主體是人民，實現中國夢的根本目的和價值歸宿是人民，是每一個中國人。

1. 中國夢源於個人夢

　　國家的強盛、民族的興旺，都要以人民的權利得到保障、利益得到實現、幸福得到滿足為條件和目標。

　　人民是由無數個體組成的，每個人的發展和命運既是社會發展和歷史命運的映照，同時也匯成了社會發展的主流，構成了歷史命運的基調。

　　中國夢必須與個人夢融合起來，統一起來，夢想才有生命，才有根基，才有力量。

　　中國人民是偉大的人民，在漫長的文明傳承和歷史發展進程中，

依靠自己的勤勞、勇敢和智慧，建設美好家園，培育優秀文化，為人類社會作出巨大的貢獻。

在全面建設小康社會進程中，人民期盼有更好的教育、更穩定的工作、更舒適的住房、更滿意的工作、更優美的環境。

這不僅是個人的夢想，也是我們黨和國家當前發展的重大責任，是實現人民幸福的根本願望，是中國夢這棵參天大樹成長的深厚土壤。

中國夢源於每個中國人的個人夢。讓每個人擁有做夢的機會和權利，過上美好而幸福的生活，獲得自由而全面的發展，才是國家富強的基礎、民族振興的希望。

正如習近平總書記說的那樣，生活在我們偉大祖國和偉大時代的中國人民，共同享有人生出彩的機會，共同享有夢想成真的機會，共同享有同祖國和時代一起成長與進步的機會。

2. 個人夢助力中國夢

中國夢是億萬人民的夢，沒有人民大眾的共同參與、艱苦努力，任何夢想都不能實現。

國家的富強和振興讓我們有了實現「個人夢」的機會，而實現中國夢，則有賴於每個人在追逐夢想的過程中，最大限度地發揮自己的聰明才智和創造精神，需要每個人付出辛勤的勞動、做出不懈的努力。

中國夢是億萬人民的夢，沒有人民大眾的共同參與、艱苦努力，任何夢想都不能實現。

　　新中國「站起來」，改革開放「富起來」，新世紀「強起來」，讓中國人民的夢想有了堅實的依託和廣闊的空間。

吃飽穿暖、有車有房、健康長壽……個人夢想的日益豐富和逐步實現，讓個人命運與國家命運更加緊密地聯繫在了一起。

對於廣大人民來說，個人夢想的實現，依賴於走共同富裕道路的中國特色社會主義，依賴於開放、文明、公平的社會環境。

對於國家而言，每個人為夢想奮鬥拼搏的精神和行動，彙聚成無堅不摧的磅礴力量，推動著歷經苦難而又生生不息的中華民族奔向夢想的彼岸。

中國夢，個人夢，不是兩個截然不同的概念，而是一塊硬幣的「正反面」。

中國夢和人民夢是合二為一的，是互為基礎的，人民是實現中國夢的主要創造者，也是最終的受益者。

中國夢，由一個個鮮活生動的個體夢想構成，「具體而微」的個人夢匯成了「宏大敘事」的國家夢。

二、澆築夢想

一代又一代的中國人，以實際行動，在這塊民族的土地上開啟了自己的夢想，助推著三個世紀以來的中華「強國之夢」。

廣東是一片造夢的熱土，一片生長夢想的地方。

嶺南文化是一個造夢的文化，孕育夢想的文化。

近代以來，嶺南文化自覺吸收西方文化，將鄉土、血緣、群體、大一統等傳統觀念與民主、自由、平等、博愛、包容、務實、競爭、開放、四海為家等近現代觀念融為一體，形成了務實、求真、積極進取、相容並蓄的嶺南文化性格。

廣東由此成為中華民族百年歷史上最具開放精神和創造精神的革新之地。

一代又一代的中國人，以實際行動，在這塊民族的土地上開啟了自己的夢想，助推著三個世紀以來的中華「強國之夢」。

1. 百年廣東，強國之夢

中國發展離不開世界，中國與世界的聯繫離不開廣東。對外貿易是廣東與世界聯繫的主要紐帶。

廣東古代對外貿易史，上溯秦漢，下迄清初，上下兩千餘年，縱橫數萬里，構成了中國古代對外貿易史的主體部分，在世界古代國際貿易史中佔有重要的地位。通過海上絲綢之路，廣東自古與外部世界聯繫在一起，並通過貿易和文化交流促進了廣東及與其貿易的國家和地區的經濟發展和社會進步。

打通自己的外部世界，建立自己與世界的聯繫，是廣東古代先民的一個夢想。

秦漢以前，廣東先民的足跡已遍布南太平洋沿岸及其他島嶼，把目光伸向了遠洋。秦漢時期，官方性質的商業使團，已從廣東沿岸出發，遠至黃支國（今印度）進行貿易活動。

西漢，南越國與印度等半島之內的海路已經開通。漢武帝滅南越之後，海上絲路興起，徐聞古港成為漢代海上絲綢之路的始發港。

東漢，中國遣使到達羅馬，廣東對外交通，已橫貫亞、非、歐三大洲。

從三世紀三十年代（魏晉時期）起，廣州取代徐聞成為海上絲綢之路的起點。

唐代，廣東的對外交流，已西達印度、波斯，南及東南亞諸國，北通朝鮮、日本。居住在廣州「蕃坊」的外國人達十萬之眾。

宋代，海上交通更為興盛。中國的船隊，已橫越北印度洋，直航西亞和非洲海岸，與中南半島、南海諸島、大食諸國、西亞諸國的貿易比前代更紅火，與高麗、日本的來往比前代更密切，通商的國家有五十八個。

從秦漢六朝到隋唐兩宋，廣州成為海上絲綢之路和中國對外貿易的第一大港。

明代，海上絲綢之路的航線已經遍及全球，廣州成為中外文化交流最重要的門戶。

清代，一口通商使廣州成為中國唯一對外貿易的城市，給廣東帶來空前的繁榮。

上下兩千年，縱橫全世界，廣東的對外交通、對外開放，歷戰火兵燹而不滅，任時光洗磨而不變。

一部古遠的中國海上夢，不斷閃現出廣東之夢的鮮亮光彩。

自從一八四〇年，帝國主義的大炮轟開古老中國的大門，中國近代的百年就是血與火，仇與辱，侵略、壓迫與反抗、革命的百年。

這一百多年的夢，就是抗爭的夢，復興的夢。

從鴉片戰爭到中國大革命，廣東在近現代中國的強國夢中，一直扮演著特別重要的角色。

中國近代史的重大事件為兩次鴉片戰爭、太平天國運動、洋務運動、中法戰爭、甲午中日戰爭、戊戌變法、義和團、八國聯軍侵華、辛亥革命等，幾乎近半直接或間接發生在廣東。

近現代革命史、發展史上，一系列重大歷史，重要人物，重大變化，常常和廣東的名字緊緊相連。

鴉片戰爭以後，中國被迫對外開放，廣東成為中國近代工業興起最早的地區之一：

抓住歷史機遇，珠三角發展迅速。

中國第一家民族資本企業──陳啟沅的南海繼昌隆繅絲廠；

中國第一家民族資本火柴廠──衛省軒的佛山巧明火柴廠；

中國第一條僑資興建的商辦鐵路──張煜南、張鴻南兄弟的潮汕鐵路；

中國第一個電燈廠──黃秉常的廣州電燈廠；

中國第一個橡膠廠──鄧紹鵬的廣東兄弟橡膠公司。

還有罐頭廠、肥皂廠、機器修理廠⋯⋯

中國的買辦資產階級、民族資產階級和無產階級都在這種條件下生成並向全國各地繁衍。

中國的階級格局、社會格局被打破，尤其無產階級的形成，為中國近代社會的演變，創造了良好的條件。

廣東是近現代革命的策源地：

中國歷史上最大的農民起義——太平天國運動，在廣東策劃。起義加速了清王朝封建制度的崩潰。

近代中國的民族民主革命在廣東發源。從三元里抗英到辛亥革命推翻帝制、走向共和，廣東成為中國資產階級革命的重地。

廣東是中國大革命的中心地。從國共合作、黃埔軍校、北伐戰爭到廣州起義，廣東在現代新民主主義革命的史頁中，留下英雄的篇章。

廣東是近現代思想家、革命家的搖籃。從萬木草堂到大元帥府，再到農民運動講習所；從康有為、梁啟超到孫中山、廖仲愷，再到毛澤東、周恩來，近現代的革命家、思想家都在這裡留下了不滅的身影和聲容。

2. 敢為人先，澆築夢想

自古以來，廣東人都以其敢為人先的創新意識，探索未來。一九七八年，南粵大地吹響了改革開放的號角，邁開了探索中國特色社會主義道路的第一步。

廣東觀念先行，敢說敢做，在經濟落後、交通不便、物資缺乏的廣東，創造出了一個繁榮開放、世人驚歎的夢想世界。

（1）推開夢想之窗。

「十年浩劫」，使中國經濟瀕臨崩潰，即使到一九七九年廣東的情況比全國平均水準還要糟糕。

據統計，一九七九年廣東人均工農業總產值僅五百二十三元，全國是六百三十六元，廣東足足低了17.8%。

由於經濟發展水準極低，當時廣東面臨著嚴重的社會問題——逃港現象愈演愈烈。

僅僅是一九七九年一到五月，全省就發生偷渡外逃十一點九萬多人。

歷史是不是真的如一些人所說，廣東人逃港促成了中央的改革開放政策，我們不得而知，但波瀾壯闊的改變確實就從這個節點開始了。

一九七八年七月上旬，省委書記習仲勳到達廣東後第一次外出到

地市縣考察，選擇了逃港現象最嚴重的寶安縣（現深圳市）。

寶安縣流傳著一首客家山歌：寶安只有三件寶，蒼蠅、蚊子、沙井蠔。十屋九空逃香港，家裡只剩老和小。

在一次座談會上，福永公社鳳凰大隊支部書記文富祥大膽與習仲勳爭辯起來。這位「根正苗紅」的幹部用大白話說出了普通百姓心裡的真實感受：

「香港為什麼比我們好？因為那邊能從事多種職業，能當工人，這邊世世代代只能做農民；那邊什麼都能買，這邊東西少，還要證才能買；那邊掙錢多，這邊分配低……」

那個時候，深圳農民的年收入是一百三十四元，香港農民的年收入是一萬三千港元。

習仲勳明白了，逃港的根本原因在於極端貧困，當務之急，還是要對外開放，發展生產，把經濟搞上去。

一九七八年底，黨的十一屆三中全會之前，中央在北京召開歷時三十六天的中央工作會議。

會議期間，習仲勳在發言中提到，希望中央能給廣東更大的支持，多給地方處理問題的機動餘地，允許廣東吸收港澳華僑資金以及開展「三來一補」等。

一九七九年五月，國務院副總理谷牧帶領中央工作組赴粵考察，

習仲勳、楊尚昆等人向工作組提出了試辦進出口特區等初步設想。

六月，廣東省委即向黨中央和國務院上報《關於發揮廣東優越條件，擴大對外貿易，加快經濟發展的報告》。不久，福建省委也提出類似報告。七月十五日，中共中央、國務院批轉廣東和福建兩個省委的報告，即後來對廣東產生深遠意義的中央「50號檔」。

中央指出：「對兩省對外經濟活動實行特殊政策和靈活措施，給地方以更多主動權。」

一九八〇年八月二十六日，第五屆全國人大常委會第十五次會議通過了《廣東省經濟特區條例》，經濟特區正式誕生。

廣東，推開了一扇夢想的窗戶！

（2）市場不再是夢。

一九七八年，廣東率先進行價格闖關。廣州人愛吃通菜。二十世紀六〇年代，廣州人都知道一道菜：無縫鋼管炒肉絲。

「無縫鋼管」就是硬邦邦的老通菜莖，有時裡面還夾著螞蟥。當時由於計劃經濟體制的影響，蔬菜供應緊張，市民沒有菜吃。為了解決這個問題，只好一味擴大蔬菜的種植，從四萬畝一下子擴大到二十萬畝。

農民應對不過來，就想辦法——種增加產量的粗菜，要多少有多少，其中大部分是通菜。

糧食也不夠，生產隊和農民為了多吃糧，不斷縮減菜地面積，菜地的水溝都種了稻子，在菜田中間也種雜糧、水稻，或者好田種糧，次田種菜。

一九七八年，時任廣州市農委副主任的楊豐臨危受命，到農委任蔬菜處處長、市蔬菜經銷領導小組辦公室主任。

七月，蔬菜經銷領導小組開始搞試點，結果引起「軒然大波」，青菜價格一下上升了40%，廣州一些工廠工人摔碗摔盤，領導幹部們受到上級批評，都很著急，就讓小組作出妥協，改為價格浮動上限20%，取消下限，楊豐還得天天向省委彙報蔬菜價格。

大概過了半個月，沒出什麼大事，廣州的首次蔬菜購銷改革才得以推行下去。市場上的蔬菜品質有所好轉，價格比以前便宜了不少。

任仲夷接棒省委書記後，對蔬菜問題也出臺很多政策，但由於沒有改到根子上，蔬菜的價格沒有開放，問題還是一直存在。

一九八一年，蔬菜的品質和供應問題再度升級。當時全國幾個大城市的情況都一樣，一個保姆就可以把市委告倒，因為蔬菜實在太難吃了，在廣州市場買到的通菜只能拿去餵雞。

一九八四年，蔬菜體制應該改革的呼聲越來越大，甚至連中央也派人來調研。

當時的廣州市委、市政府還是有點猶豫，因為當時武漢曾一度放開了蔬菜價格，沒幾天就由於菜價飛漲而匆匆叫停。但楊豐認為，廣

州蔬菜價格開放的條件已經比較成熟，一是實行了包產到戶；二是廣州人思想比較開放，群眾承受能力比較強；三是廣州有開放價格的經驗；四是廣州四季常青。市委終於下了決心，在七八月份的時候正式發了檔，計畫在十二月一日開放蔬菜價格。

當時市場的反應很是熱烈。起初只是開放一些蔥、蒜等小品種，後來逐步擴大到大宗品種甚至特供品種。不到十二月，廣州就全面開放了蔬菜價格。蔬菜問題終於得到解決。

率先進行的廣州市蔬菜購銷體制改革起了一定的示範作用，之後全國各大城市的蔬菜流通體制也放開了，廣州的自由市場之夢在全國遍地開花。

正如武漢市一位負責人考察完廣州蔬菜產銷體制改革的進程和成效後所說的：「廣州市蔬菜產銷體制改革的成功背後，蘊含著廣州市決策者、生產者、經營者、消費者以及新聞工作者同心協力促改革的參與意識和拼搏精神，正是這股合力，使廣州的蔬菜改革不斷出新，不斷完善。」

（3）建築社會保障夢。

招商局下屬的蛇口工業區作為中國第一個改革開放試驗田，早在一九八一年初，便在全國率先成立社保基金。

由當時的蛇口勞動服務公司向工業區內的合資企業和外商投資企業徵收一定費用，以用於以後員工的養老及其他醫療工傷保險。

一九八二年一月，深圳經濟特區開始在「三資」企業勞動合同制工人中推行養老保險制度，在中國內地率先探索「三資」企業工人社會養老保險制度。

一九八三年六月，省政府批轉勞動局《全省勞動工作會議紀要》，決定從七月起，在實行勞動合同制的同時開展合同制職工養老保險制度，揭開了全省社會保險制度改革的序幕。

一九八六年，廣東正式建立了合同制職工養老保險制度和待業保險制度。

廣東職工社會養老保險自一九八二年起，就實行了以退休費用社會統籌為主要內容的一系列社會化改革，建立了由國家、企業、個人三方共同負擔的社會養老保險基金制度，由全省各級社會保險管理機構負責統一籌集、支付離退休費用、管理保險基金，使職工養老由企業行為轉變為社會行為。

隨著經濟社會的發展，社會養老保險的覆蓋面不斷擴大，從全民所有制、城鎮集體所有制企業發展到外商投資企業、私營企業、鄉鎮企業，從固定職工、勞動合同制職工發展到臨時工、個體勞動者。在一九九〇年企業普遍面臨經濟困難時，各級社會保險機構採取積極的調劑措施，在當年少收一千八百多萬元統籌金的情況下，多撥付離退休費一千一百多萬元，保證離退休人員按規定的標準及時如數地領到了離退休金。

省、市兩級社會保險機構還運用所掌握的百分之五的統籌金，在

地區之間調劑使用2189.14萬元，幫助三十多個支付統籌金有困難的市、縣、區和一些特困企業渡過了難關。

一九九二年七月，省政府出臺《廣東省職工社會養老保險制度改革方案》，建立了全省統一的基本養老保險制度。廣東社保所有的改革探索，都開了全國之先河。

（4）圓農民工入城夢。

「戶口從廣西欽州轉來後，兒子順利地轉入了公辦學校，和本地孩子享受同樣的教育，這在以前連做夢都不敢想。」全國「積分入戶」第一人中山外來工謝紅芬如是說。

二〇一〇年初，謝紅芬通過網路得知中山市正在開展積分入戶和入學的政策，興奮的她很快整理好積分入戶的材料，遞交給了石岐區流動人口管理辦公室。接下來，謝紅芬緊張地等待結果。

七月初，積分入戶公佈排名，謝紅芬122分，超出了石岐區積分入戶分數線117分，成功取得入戶中山的資格。拿到戶口名簿以後，謝紅芬第一時間就打電話給老公報喜訊：「兒子可以轉入公辦學校讀書了。」

正如中山市積分制管理體系的設計者、廣東省社科院研究員鄭梓楨所說，中山積分制開全國先河，中山第一個通過積分制拿到戶口本的人，也是全國第一人。對中國的戶籍制度改革來說，第一個通過積分制入戶拿到戶口本是一個標誌性的事件，這個拿到戶口名簿的人是

這個事件中的標誌性人物。

二〇〇九年十二月十六日，中山市在全國率先推行流動人員積分制管理，流動人員憑藉積分可入戶、入學中山。中山實踐流動人口積分制服務，消弭本地人和外來流動人員的身份隔閡，推進全民共用經濟發展成果、基本公共服務和平等發展機遇，是一項創新務實的實踐，也開了全國之先河。

長期以來，城鄉之間、城際之間存在著嚴格的戶籍壁壘。中山在改革開放後躋身廣東「四小虎」之一，經濟社會實現持續快速發展，全有賴於包括廣大異地務工人員在內的新老中山人奮勇拼搏。

當前中山市異地務工人員已達一百六十三萬人，占全市常住人口的52%，具有典型的城市二元結構特徵。

對於外來工來說，耗盡了青春在城市打拼、做貢獻卻不能在城市紮根，這成為制約「城市化」的主要瓶頸。

如何有效地破除社會群體之間的身份、地域壁壘，共建共用改革發展成果，是社會問題、政治問題、民生問題。

積分制正是解決異地人和本地人進一步有序融合的制度設計，為解決農民工子女入學和入戶提供了一種可資借鑑的實現途徑。

為了使這一政策更加具有普惠性，實施以來，中山一直對積分政策放寬門檻，陸續作出了幾項調整：

消防志願者參與志願服務獲積分入戶；政策外生育的子女可申請積分入學；公司總部不在中山，但有異地社保證明的外來工，也可申請積分入戶中山；等等。

二○一○年、二○一一年，中山市通過積分制辦法，共有超萬名流動人員入戶（含隨遷），另有九千二百一十名外來工子女入讀公辦學校。

讓異地務工人員入戶和享受教育等基本公共服務，不僅優化了城市人口結構，為中山發展留住了大量適用人才，而且促成了激勵式的規範化管理，有利於強化公民意識，在新中山人中形成健康向上的導向。

通過積分入戶的異地務工人員，有半數以上成為中山市的志願者，積極參加各類社會公益活動，不僅爭做優秀市民，更爭當現代意義上的公民。隨著積分制在全省逐漸推廣，將有越來越多的外來工夢想成真。

（5）打造社會組織夢。

王雪明，廣州市荔灣區螢火蟲社會工作服務中心(以下簡稱「螢火蟲」)的負責人。得益於廣東省社會組織直接登記的改革，這個機構才拿到「身份證」，結束了十年「黑戶」歷史。

二○○一年，一次廣西梧州山區的旅行改變了王雪明。

漏雨的教室，衣衫襤褸的孩子令生在廣州長在廣州的他受到了很

大刺激，並且萌生做公益項目去幫助這些孩子的念頭。

回到廣州，辭去優渥的工作，王雪明和幾個朋友一心一意做起了公益。

當時他還沒有預料到，公益之路這麼漫長而曲折。

他想註冊一個NGO組織，但是按照規定必須有個主管單位，有誰會願意「主管」他們呢？

迫於現實，他湊了十萬元在工商部門登記註冊了一家公司──廣州市通用互動資料中心。

這當然很彆扭，以至於王雪明去申請基金會和企業資助時，對方懷疑他根本不是做社會服務的。

然而機會終於來了。二〇〇九年年底，廣州市社會組織培育基地作為社區服務中心的一項業務開始試運營，為草根社會組織提供辦公場所和後勤服務，還給予財務託管支持。王雪明的螢火蟲團隊就這樣進入了培育基地，佔據了「一平方米」。

有了這一層保障，王雪明他們終於能夠拉到贊助，去幫助山區裡的孩子。捐書、探訪、搞社區支持農業……螢火蟲團隊的步子越邁越大。

二〇一二年一月一日，廣州率先全國全面實行社會組織直接登記：除依據國家法律法規需前置行政審批外，公益性服務、社會服務

類等社會組織可以直接向登記管理機關（民政部門）申請登記，無須再尋找主管部門當「靠山」。

社會組織培育基地指引螢火蟲社會工作服務中心完成登記所需要走的程式，這一年的五月，王雪明與他的「廣州市荔灣區螢火蟲社會工作服務中心」成為廣州第一批「轉正」的草根組織。

二〇一一年十一月，廣東省民政廳印發了《關於進一步深化社會組織登記改革助推社會組織發展的通知》，從二〇一二年七月一日起，除特別規定、特殊領域外，將社會組織的業務主管單位改為業務指導單位，社會組織直接向民政部門申請成立。

隨後，廣東多個地方都陸續開放了社會組織登記，一直鬱鬱不得志的社會組織開始蓬勃發展起來。

社會組織的力量正在迅速成長，廣東也加快速度張開雙臂迎接社會組織的到來。這預示著傳統大包大攬的政府職能未來會向「創新社會管理」方向轉變。

以社區社會組織為例，從二〇一〇年年末，廣州市就開始推行家庭綜合服務中心試點，通過整合社區服務資源，以政府購買社會服務形式，引進社會組織承接社區綜合服務，建立以社工為主導的跨專業團隊，提供以家庭、長者為核心的各類專業服務。

社會組織有了合法的身份後，更能獲得政府和社會資源的支援，他們提供的服務為街道、居委會減輕了很多負擔。

如今廣州市已有一百五十個家庭綜合服務中心開業，其中街道家庭綜合服務中心已經覆蓋全市所有街道。

三、夢想花開

越來越多的人正在中國這塊充滿夢想的土地上努力耕耘著自己的夢想，他們希望能夠在國家社會的發展進步中，通過辛勤和汗水，實現自己的最高價值，讓自己的夢想與中國夢共同成長，共同璀璨。

每個國家、每個民族都有自己的夢，不同的夢。

但從夢想到實現，都有一個共同的過程，那就是：奮鬥。

實現夢想的路，有陽光，有烏雲；有晴空，有黑夜；有曲曲折折，有風風雨雨；有痛苦的等待，有甜蜜的喜訊。

但我們都相信，所有的夢想都會開花，所有的夢想都能夢想成真。

夢想是什麼？夢想其實就是我們改造世界、改變世界的雄心。

只有排山倒海的雄心，沒有踏踏實實的勞動，夢想永遠開不出鮮花，結不成碩果。

這就是「空談誤國，實幹興邦」的涵義。

要放飛夢想，需要勤奮，需要堅持。

心中有夢，努力去追。只有不懈地追逐，夢想的花期才能乘著花汛而來。

就是說，要實現夢想，就要踏踏實實的勞動。懶人只能夢飲黃粱，夢繞槐根。

這就叫信念。有了信念，一個國家的發展道路，一個民族成長的歷程，一個人的人生旅途，就會被照亮。

幸福不會從天而降，夢想不會自動成真。

中國夢給每一個人創造了實現夢想的條件和空間。

越來越多的人正在中國這塊夢想的土地上努力耕耘著自己的夢想，他們希望能夠在國家社會的發展進步中，通過辛勤和汗水，實現自己的最高價值。

把人生的理想融入國家和民族的事業之中，讓自己的夢想與中國夢共同成長，共同璀璨。

創業共富夢

肇慶市廣寧縣八一生態農場場長、創業黨支部書記賈東亮十八歲入伍，在一九九八年退伍復員時放棄穩定的工作機會，選擇來到肇慶

市廣甯縣南街鎮黃盆村，承包了五百零二畝荒山荒地，辦起了家庭農場，為的就是實現兒時的田園夢。

賈東亮當年作出這樣的選擇，很多人都在問為什麼。首長和戰友們好言相勸，親人不乏怨言。但他希望自己能夠掌握人生的主動權，要用勞動來實現自己的人生價值。他的夢想，就是把荒山野嶺變為美麗的田園風光。

從一名團職軍官到當農民，不只是一個社會角色的轉換，更是人生價值、人生座標的重新定位。要想讓荒山農場有出路，賈東亮不斷琢磨著調整方向，堅持講技術優先、品質取勝。他歸納自己發展農場的思路，就是堅持「人無我有、人有我優、人優我新、人新我變」，結合科學技術，改善產品品質和競爭能力，把農場傳統的單純種養改變為豬、沼、魚、果的生態模式，一如珠三角常見的桑基魚塘模式，以便高效利用生態資源，拉長生物鏈條，降低生產成本和提高經濟效益。在二〇〇三年，賈東亮把自己的姓氏拆開，註冊了「西貝牌」商標。二〇〇五年又註冊了「東亮」牌商標，同時向國家申報了「綠色食品」標誌，開始走向品牌戰略。

在荒山耕耘十多年，賈東亮的八一生態農場收益逐年增加，規模不斷壯大，形成了綠色食品、林木種苗、花卉盆景、龜鱉魚蛙、山豬、山羊、山地雞等一批優勢產業。山上一片林，山腰一園果，園中一群雞，山腳一口塘，平地菜花香，憑藉這一幅如詩如畫的景象，農場開發出旅遊觀光功能，而且承擔起社會責任，成為了創業示範基地、農村黨員培訓基地、退伍軍人教育基地和勞模科技創業示範基

地，在農場裡面，大家可以看到創業成果，聽到創業故事，學到創業精神。

在賈東亮自己看來，復員後所走的這條自謀職業、自主創業的道路，雖然充滿了艱辛困難，但是又充滿了光明與理想，一切的起源，只是為了實現自己兒時的夢想。十五年的創業歷程，讓他深深地體會到夢想能催人奮進。沒有夢想，就沒有未來；不能找到和堅持正確的道路，夢想不會成功；而沒有努力奮鬥托起夢想，沒有不屈不撓的鬥志和實幹興邦的精神，夢想也會成為空想。因此，只能以勞動築夢，以實幹圓夢。

科技創新夢

一九八三年出生的劉若鵬在九歲那年，和很多在改革開放初期隨家庭「孔雀東南飛」的孩子一樣，跟隨父母從西安搬到了深圳落戶定居，在深圳上了小學、初中和高中。在二〇〇二年，他從深圳中學獲得保送到浙江大學竺可楨學院混合班。大學畢業後，他獲得美國杜克大學的全科技創新夢

額獎學金攻讀電子與電腦工程系博士學位，幾年後，他在超材料領域方面多年的學術積累終於開花成果。

二〇一〇年七月，劉若鵬和核心研發團隊帶著超材料技術專案，選擇回到深圳創立光啟高等理工研究院。之所以選擇落戶深圳，除了這裡是劉若鵬成長之地，更主要的是深圳這片土壤上孕育的軟環境，

科技創新夢

也就是改革開放三十多年來逐漸形成了注重創新、注重引進先進技術和優秀人才、注重效率優先的大環境，而且深圳市政府從資金補貼、融資管道、移民城市風氣到行政工作效率，都成為了吸引人才和企業落戶的法寶。

光啟研究院創立之初，劉若鵬和他的團隊總共才五名核心成員，但全是從杜克大學獲得博士學位的年輕中國科學家，平均年齡不超過三十三歲。研究團隊決定以超材料為核心，同時融合電子資訊、生物

光子、數理統計等高新技術，從事尖端交叉科技研發。

劉若鵬的研究院並不僅僅局限在研究方面，而且在創新型機構乃至產業模式方面進行探索。研究院本身是民辦機構，自負盈虧，但一直不愁資金和項目推廣。一方面，研究院各種高新研究項目得到國家級、省級以及市級重點實驗室的立項，政府從財政上撥款資助他們進行研究；另一方面，研究院如同一個創新型企業，各種創新研究成果足以吸引社會資本投資和風險投資機構的目光。「產、學、研」三位一體的定位，令光啟研究院資金充裕，既能夠在超材料產業方面掌握原創技術的話語權，又有能力集結全球相關領域的專家，成立一個規模可以萬億元計的超材料產業聯盟。在基礎研究和研究產業化兩方面齊步前進。

這種模式短短兩三年間就出現豐碩成果。光啟研究院的研究領域涉及超材料、電腦、生物醫學等多個交叉學科。在超材料基礎研究發明方面，研究院的「腦庫」平均以每週申請二十五項全球專利的速度迅速前行，截至二〇一二年底已申請超過二千件專利，占了全球超材料技術領域專利申請量的百分之八十以上，覆蓋超材料領域大部分原創智慧財產權；在技術應用方面，一個「射頻模組組」的應用可以在一個月內為研究院爭取到超千萬元的訂單；研究院與華為、中興、邁瑞等十多家企業單位成立「深圳超材料產業聯盟」；主導在龍崗建設世界首條超材料研發中試生產線；同步進行超材料領域科技人才的培養工作。

從光啟研究院起步，劉若鵬和他的隊友們懷揣著不少夢想：想讓

光啟成為中國的穀歌、甲骨文，成為世界前沿學科領域的領航人；想讓光啟搶佔超材料研發與生產的制高點，凝聚全球創新人才，成為超材料學科人才培養的「黃埔軍校」；想讓中國更多地通過科技創新來實現經濟發展，在提供全球就業機會的事情上做出努力和探索；想為國家探索出一種新型戰略新興產業的發展模式。而他們的共同目標，是從最基礎的原創技術做起，在中國創造出使夢想變為現實的前沿性科技成果，而不再是跟蹤式的發展。研究院以中國明代傑出科學家徐光啟之名命名，深藏在這所有夢想裡面的根源，就是一個科技強國的夢想，是要為中華民族的科技復興而努力之夢，是要讓這種前沿科技最終走入千家萬戶，改善人們的生活，成為社會文明進步又一個臺階之夢。

德育建設夢

劉海校長的家族先後有十三位親人從事教育工作，他一九八〇年從大學數學專業畢業之後走上講壇，教書育人。在茂名市電白縣，他從一名公社中學的代課老師做起，在不到二十年時間裡，從中學教師做到校長，一步一個腳印，成為當時全縣最年輕的校長。

二〇〇〇年夏天，電白縣發生高考考場的監考人員、教師和學生合夥利用八十台傳呼機傳送答案、集體舞弊的重大案件，涉及數十名學生以及教師、學校領導還有電白縣教育部門、宣傳部、招生辦、縣委、縣府等各級官員，電白縣當年被廣東省招生委員會取消作為各類教育考試考場的資格。面對如此嚴重的道德問題，電白縣教育行政體

系大洗牌後，痛下決心要重塑青少年的思想品德教育。在二○○一年，電白縣中小學生社會實踐基地選址茂名市電白縣旦場鎮松山成立，而劉海因為德育工作卓有成效，在二○○一年六月被委任為基地校長。

松山曾是該縣的「五七」幹校，後來辦過職業中學，職中停辦後就一直荒廢。山頭與世隔絕，買一張紙也要到五公里以外的小鎮上，教學樓破落到只剩架子，只剩幾間破舊房子。劉海當時也曾經考慮到自己的工作、家庭和生活，但他認為，德育教育對於剛經歷過集體舞弊案的電白縣和整個縣的學生思想素質來說，都有著極其重大的意義，於是他接下了改造松山成為德育培養基地的任務，暫別了妻兒，離開了城鎮便利的生活，帶著抽調來當教官的7名退伍軍人，來到松山幹起了指揮官、校長兼水泥工、泥匠、木匠、建築工人、花匠的活。

在缺人手、缺經費的情況下，劉海也曾遇到過很多困難。在基地初創期間，財力、物力、人力缺乏，妻子和父親又相繼在家中病倒，那段時間他曾想過辭職，但是他又一次次告訴自己，若放棄可能會內疚一輩子。依靠著艱苦實幹、自力更生、親力親為、以身作則的訓條，劉海率領教官團隊，硬是在一片荒山中開拓出一個德育基地。

在基地創辦十二年以來，劉海運用自己的知識、人脈、教育創意和技巧，將各種資源銜接利用起來。茂名市的防震減災教育館、電白縣革命歷史紀念館、電白縣廉政文化教育館、粵西民居、人防展廳、模擬法庭、無土栽培溫室等場館先後通過資金、人才引進或與有關部

門共建等方式建立了起來。先後參加過德育基地培訓的四十萬中小學生，在基地裡面獲得的各種生動有趣的德育教育，包括敬親感恩之心、與人相處之道、刻苦耐勞的精神，都讓學生們在最重要的人生觀和價值觀形成階段，上了重要而寶貴的一課。

在家人的眼中，劉海全身心地投入社會實踐基地的建設，總是很忙很累，從山上回家了也不願歇息，平時一邊說話一邊手上還要寫寫畫畫，為基地的發展、創新而謀劃著許許多多。同事們則還記得劉海經常說：「建好一個德育基地，就會少建一座監獄。思想道德建設是基地工作的重中之重。」而正是如此一個潤物無聲的德育基地，如此一位元春風化雨的校長，讓一代又一代的青少年樹立起中國精神，傳承著中國力量。

美麗中國夢

廣東是一片神奇的熱土，不僅能實現夢想，同時也在向外輸出夢想家。改革開放三十多年來，廣東以其海納百川的胸懷，吸引了成千上萬的尋夢者，他們在這裡尋找實現自我價值的機會；與此同時，廣東的創新氛圍、探索精神又深刻地影響著尋夢，使他們將圓夢的行動帶到全國各地。

馬衛東就是這樣的一個尋夢者。一九九〇年，這個大學畢業後分配到電力系統工作的陝西青年，帶著對未來的無限憧憬，告別家人來到了廣東。在這個舉目無親的城市，他運用有限的英語水準，到了外

企工作。由於工作勤懇、業績顯著，他很快就成了該外企在廣州機構的負責人。「廣東這片沃土使我們養成了不斷學習、不斷創新的探索精神。」一九九四年，馬衛東有了屬於自己的企業。

許多人到了這一步，事業便戛然而止。馬衛東說：在解決了自身基本生活需求以後，也希望能到新的領域去探索，以實現更大的社會價值和人生追求。在參觀完有美國精神之稱的黃石國家公園之後，二〇一〇年，馬衛東也冒出了打造一個中國版的「黃石公園」的念頭。在一系列比較、研究後，他發現了一個可以媲美黃石公園的地方，並初步給了她一個響亮的名字——昆侖國家公園。

昆侖國家公園位於青海，初步範圍包括青海的海西、海北、海南州，面積近四十二萬平方公里。這對馬衛東是個極大的挑戰。進入之初，馬衛東和他的團隊遭到了很多詰問。在這一過程中，馬衛東不停地學習，學習如何用心對待每一個人，他說：「當真正瞭解到別人的價值，自我的價值才有機會實現。」馬衛東告訴青海人，他要的就是環境，美麗的青海、原生態的地貌、靈動的高原動物。

馬衛東認為，黃石國家公園是西方價值觀的體現，是美國文化的標誌，在一定程度也代表了美國的精神。昆侖與黃石一樣厚重，他最大的夢想就是將昆侖國家公園建成中國人自己的精神家園，使其成為中國文化的一面旗幟，成為人與自然和諧共存的典範；形成以文化為魂，以生態為依託，以旅遊業為龍頭，以綠色發展為主旨的創新理念，使美麗中國落到實處。

這一設想也讓他敲開了「黃石」的大門。在美國人眼中，黃石是獨一無二的，是不會跟任何國家的任何公園合作，二〇一一年十月，馬衛東帶著他的團隊成功訪問美國國家公園管理局和黃石國家公園，建立了有效的交流互動機制。

從二〇一〇年算起，馬衛東和他的團隊，圍繞昆侖國家公園進行了一系列的概念、可行方案、商業模式的論證。二〇一二年，青海省政協副主席馬志偉帶到全國「兩會」上的一份提案就是建設昆侖國家公園。馬志偉說，昆侖國家公園可以對三個方面起到發展和帶動的作用：一是解決中國原動力創新問題；二是解決西部開發的出路問題，龐大的產業鏈可以帶動青海乃至西部經濟結構調整，所以它可以起到一個示範區的作用；三是解決青海的可持續發展和長治久安問題。

馬衛東在他的夢想之路上，邁出了堅實的步伐，二〇一三年一月，都蘭昆侖公園景區投資公司組建成立，相關立項、國土手續正在辦理之中。再用五到十年的時間，大約到二〇二〇年，一個全新的昆侖國家公園將全面展示在國人的眼前。

廣東省居民對「中國夢」
概念認知情況調查報告

一、專案概述

（一）專案背景

　　二〇一二年十八大後，習近平總書記提出：實現中華民族偉大復興，是中華民族近代以來最偉大的夢想。這個實現中華民族偉大復興的「中國夢」，就是要實現國家富強、民族振興、人民幸福。

　　為真實瞭解廣東省居民對「中國夢」的認知現狀，以便開展教育宣傳工作，受中共廣東省委宣傳部委託，廣東省省情調查研究中心展開此次專項調查。

（二）調查目的和問卷設計原則

本次調查目的是瞭解廣東省居民對「中國夢」概念的基本認知，收集廣東省居民對「中國夢」與個人夢想的關係的理解，同時匯總對實現「中國夢」的期盼、意見和建議。

本問卷設計的基本原則是：問題清晰明確，表述通俗易懂，難度題量適中，排列科學合理。

（三）調查方式

為多管道地收集居民的意見，課題組於二〇一三年五月九日至十五日共採用了三種調查方式展開訪問。

1. 電腦輔助電話訪問（Computer Assisted Telephone Interviews，簡稱CATI，下同）。

   CATI，是應用電腦系統，向自動生成或預置的電話號碼撥號；然後由訪問員讀出電腦螢幕顯示的問卷題目，通過電話詢問調查物件，並直接將被訪者的答案輸入到電腦裡，結束訪問後直接匯出資料。

   本次CATI採用全省隨機抽樣，共調查了一千六百二十個有效樣本，其中廣州、深圳等九個珠三角城市各一百個有效樣本，廣東省內其他十二個城市各六十個有效樣本。

2. 騰訊大粵網網路調查（簡稱：大粵網訪問）。

課題組在騰訊大粵網、騰訊網和騰訊迷你首頁（2010版）開展網路調查。

截至調查結束，超過八千人參與本次網路調查，回收問卷四千八百九十份。

3. 特殊群體訪問。

（1）嶺南大講壇現場訪問（簡稱：大講壇訪問）。

嶺南大講壇是中共廣東省委宣傳部、廣東省社會科學界聯合會共同主辦的社會公益論壇，目前已經成功舉辦了164期。其中五月十一日舉辦的第164期的主題是「中國夢：實現中華民族復興的偉大戰略」，主講人是中共廣東省委宣傳部講師團團長、教授曾凡光。本期講壇聽眾以中山大學等高校學生為主。

課題組在第164期嶺南大講壇現場共發放了二百五十份問卷，現場回收了一百三十六份問卷。

（2）高鐵愛心專區和貴賓區現場調查（簡稱：高鐵訪問）。

課題組在廣州南站的高鐵愛心專區與貴賓區現場共發放六十三份問卷，現場回收了五十九份。

（3）省情網電子郵件調查（簡稱：省情網訪問）。

課題組通過電子郵件附件和短信的方式向各高校和研究所的工作人員和嶺南大講壇聽眾發出訪問邀請，共發出六百二十封郵件和一萬零三百條短信，共回收四十四份問卷。

（4）廣東建設職業技術學院電子問卷訪問（簡稱：廣東建院訪問）。

課題組向廣東建設職業技術學院學生發放電子問卷，共發放二百零一份問卷，回收二百零一份問卷。

問卷回收情況見表1：

表1　本次調研問卷回收情況統計表

訪問方式	發放問卷數量（份）	回收問卷數量（份）	有效問卷數量（份）
CATI	23364	1620	1620
大粵網訪問	8000	4890	1474
大講壇訪問	250	136	117
高鐵訪問	63	59	14
省情網訪問	10920	44	40
廣東建院訪問	201	201	198

二、調查主要結論

（一）調查方式

電訪資料符合廣東省人口統計分佈規律，調查結果具有普遍性，能代表全省居民的態度；其他訪問方式屬於特定抽樣，調查結果僅在抽樣群體中具有代表性。

不同調查方式資料具體特徵如下：

1. 隨機電訪：符合廣東省人口統計分佈規律，能代表全省居民的態度。

2. 網路調查：大粵網的受訪者為年輕的線民群體，資訊接收能力比較快。

3. 特殊群體調研：

   ① 大講壇——以聽過關於「中國夢」主題講座的學生群體為主；

   ② 高鐵——以上班族為主；

   ③ 省情網——文化程度相對較高且關心省情的專業技術人員、學生及企事業單位人員；

   ④ 廣東建院——以該校大專生為主。

詳細資料參見背景資料情況表（附表2）。

（二）築夢：「中國夢」的認知現狀

1. 居民對「中國夢」的認知程度還有待提高。經電訪僅52.53%的居民聽說過「中國夢」這個說法，其中51.36%的居民聽說過習近平總書記提出的「中國夢」的宣傳。居民對「中國夢」的理解也有待提升，僅49.00%的居民認為「中國夢」是指「國家富強、民族振興、人民幸福」。

2. 提到「中國夢」接近半數人首先想到的是「安居樂業，有穩定的工作和生活」，另外有11.75%的居民首先聯想到的是自己的夢想，11.15%的居民想到國家的發展，政治、經濟、制度建設等，8.27%的居民想到某一具體的事件、活動或事物，還有超過19.72%的居民沒有任何想法。

3. 居民對「中國夢」的宣傳瞭解管道主要是電視的新聞節目，不同調查管道的資料都占到45%以上。大粵網調查結果顯示：58.52%的居民是通過電視的新聞節目瞭解，35.03%的居民是通過網路瞭解。由此說明關於習近平總書記提出的「中國夢」的宣傳管道仍然過於單一和集中。

4. 對於「中國夢」，半數居民（50.19%）認為「是一種為了凝聚國民，增加國家向心力的價值觀的宣傳」；三分之一居民（32.84%）認為「這是一個理想境界，但實現起來是很困難的」。

5. 年齡因素和文化程度因素與「中國夢」認知程度相關性較大，

且正相關，但城市因素的相關性較弱。

6. 網路調查和特殊群體調研的受訪者對「中國夢」的認知程度遠遠高於隨機電訪的居民群體，對「中國夢」理解的正確程度略高於隨機電訪的居民群體。

（三）追夢：「中國夢」與個人夢想的關係

1. 近四成居民的個人夢想是希望過上輕鬆自在的生活。26.90%的居民夢想是物質追求方面，17.24%的居民夢想是國家政策與體制建設能更完善一些，僅8.65%的居民對自我提高有內在追求，另外值得注意的是還有5.45%的居民沒有夢想。

2. 大部分居民對個人夢想的實現途徑態度較理性。全省隨機電訪資料顯示：通過「個人努力與意志」能實現個人夢想的提及率為73.64%，與「國家政策」有關的提及率為42.41%，與「國家經濟的發展」有關的提及率為34.44%。但不容忽視的是仍有部分群體認為個人夢想的實現與「機會和運氣」有關，占到三成（30.93%）；與「有個『好爹』（出身決定一切）」有關，占到一成的提及率（10.06%）。

3. 線民對個人夢想的實現看法顯消極。大粵網資料顯示45.73%的線民認為與「有個『好爹』（出身決定一切）」相關。

4. 大部分居民認為個人夢想與「中國夢」相關相依。47.04%的

居民認為個人夢想就是「中國夢」的一部分；29.88%的居民認為「中國夢」實現了，個人夢想也就實現了；7.96%的居民認為個人夢想就是「中國夢」；只有11.98%的居民認為個人夢想與「中國夢」沒有什麼關係。值得注意的是有10.80%的公務員認為「中國夢」與個人夢想沒有關係。

（四）圓夢：「中國夢」的實現

1. 居民對於「中國夢」的實現看法比較樂觀。全省隨機電訪資料顯示：18.46%的居民認為一定能實現，70.93%的居民認為克服掉一些阻礙因素的情況下可以實現的。

2. 對「中國夢」的實現看法樂觀程度與年齡大小成呈正比傾向，與文化程度高低呈反比傾向。

3. 全省隨機電訪資料顯示：居民認為實現「中國夢」的阻礙因素首指貪污腐敗（66.14%）。另外法制不健全（10.70%）和社會嚴重不公（10.27%）也是其中原因。

三、調查結果詳細分析

（一）築夢：「中國夢」的認知現狀

1. 是否聽說過「中國夢」。

從全省隨機CATI的結果來看，52.53%的居民聽說過；而從高鐵調查的結果來看，85.71%的受訪對象有聽說過；其他方式調查結果也都有90%以上的受訪對象聽說過；廣東建院的受訪群體認知度達到100%（詳見圖1）。由此看來，城市人群資訊接收快；高等院校及大專院校的專家、學者及學生等對這類資訊相對更敏感。

從相關性分析來看，性別、年齡、文化程度、個人月收入與是否聽說過「中國夢」這個說法呈顯著相關性。

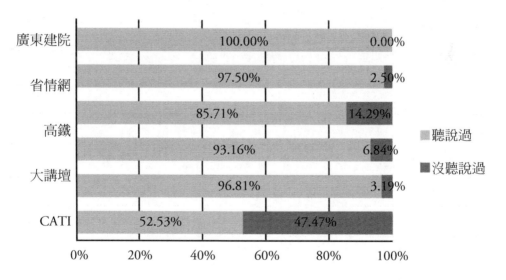

圖1　各調查方式受訪物件對「中國夢」的認知比例

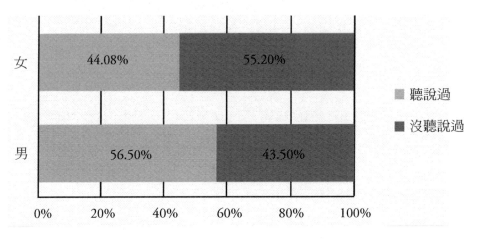

圖2　不同性別受訪者對「中國夢」的認知情況

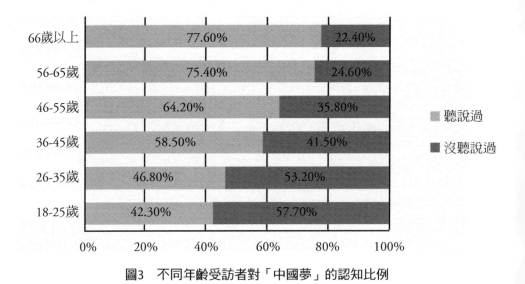

圖3　不同年齡受訪者對「中國夢」的認知比例

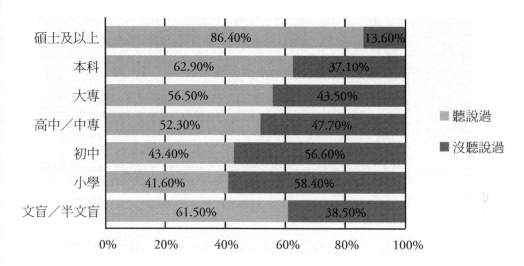

圖4　不同文化程度受訪者對「中國夢」的認知比例

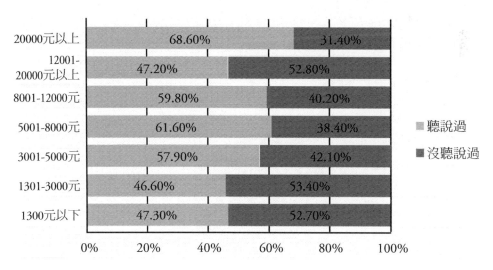

圖5　不同個人月收入受訪者對「中國夢」的認知比例

對性別、年齡、文化程度、個人月收入進一步交叉分析發現，男性聽說過「中國夢」的多於女性；年齡在三十五歲以上的聽說過的明顯多於三十五歲以下的，並且年齡越大，聽說的居民越多；文化程度高中及以上的超過半數有聽說過，並且文化程度越高，聽說的居民越多，碩士及以上學歷的達到86.40%；個人月收入二萬元以上的高收入人群聽說過「中國夢」的相對更多，其次是月收入五千零一～八千元的。（詳見圖2-圖5）

2. 提到「中國夢」首先會想到什麼。

提到「中國夢」接近半數人首先想到的是「安居樂業，有穩定的工作和生活」，有11.75%的居民首先聯想到的是自己的夢想，11.15%的居民「想到國家的發展，政治、經濟、制度建設等」，8.27%「想到某一具體的事件、活動或事物」，還有19.72%的居民沒有任何想法。（詳見圖6）

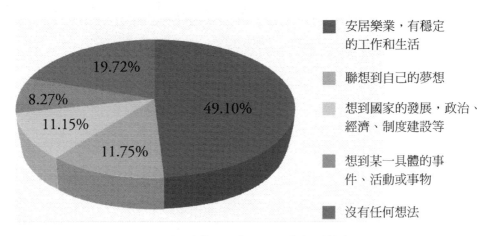

圖6　提到「中國夢」首先會想到什麼

對於提到「中國夢」首先想到「安居樂業，有穩定的工作和生活」的居民有97.07%想到「安居樂業，讓大家都過得平平安安」，2.32%的居民想到「有穩定的工作」，其他居民聯想到的是「美國夢、每年有一段時間旅遊、和親人在一起」等。

對於提到「中國夢」首先「聯想到自己的夢想」的居民有98.47%想到自己的夢想，其他居民聯想到的是「出人頭地，自己創業」等。

對於提到「中國夢」首先「想到國家的發展，政治、經濟、制度建設」等的居民有34.95%聯想到中國的貪腐問題，19.89%的居民想到收復臺灣、一個中國等愛國主義內容，10.75%的居民想到的是「房價低一些」，其他居民聯想到的是中國未來的發展、中國的食品安全問題、中國的醫療保障制度、養老保障、教育普及情況、公平公正的

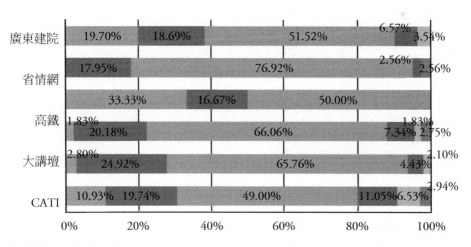

圖7　各調查方式對「中國夢」的理解情況

司法制度等。

對於提到「中國夢」首先想到某一具體的事件、活動或事物的居民有60.14%想到奧運、足球、中國最強音等比賽，10.87%的居民想到國家、航太事業、長城、十八大、領導人、政府、軍隊等，9.42%的居民想到酒，5.07%的居民想到的是睡覺，4.35%的居民想到的是希望工程等慈善事業，其他居民聯想到的是中國習俗、藍天、股票上升、新聞、政治課、手機、書等資訊。

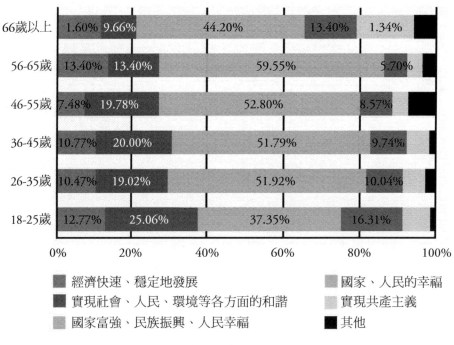

圖8 不同年齡受訪者對「中國夢」的理解情況

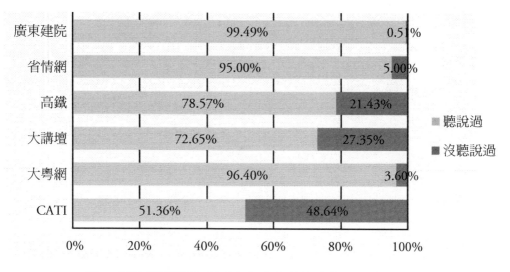

圖9　受訪者對習近平總書記提出的「中國夢」的認知情況

3. 您所瞭解的「中國夢」。

對「中國夢」的理解準確程度並不高，全省隨機CATI資料僅不到半數（49.00%）的居民理解準確，其他管道資料相對高一些，最高的是省情網（76.92%）也不到八成（詳見圖7）。資料說明半數人對「中國夢」的理解仍有一定偏差，宣傳方面仍有待提高。

從相關性分析來看，年齡與「您所瞭解的『中國夢』是指什麼」的選擇呈顯著相關性。

對年齡進一步交叉分析發現，年齡較大的居民群對「中國夢」的理解更為準確，其中準確率最高的為五十六至六十五歲（59.55%）年齡段，其次為四十六至五十五歲（52.80%）年齡段（詳見圖8）。

4. 習近平總書記提出的「中國夢」的宣傳以前是否聽說過。

習近平總書記提出的「中國夢」的宣傳，全省隨機CATI資料有51.36%的居民以前聽說過，其他管道資料遠遠高出CATI資料（詳見圖9），說明城市中心城區的居民和經常上網的線民對習近平總書記提出的「中國夢」更加關注一些。

從相關性分析來看，年齡、文化程度、個人月收入與以前是否聽說過習近平總書記提出的「中國夢」的宣傳呈顯著相關性。

對年齡、文化程度、個人月收入進一步交叉分析發現，年齡越大，聽說過習近平總書記提出的「中國夢」的居民越多；文化程度大專及以上的超過60%的居民有聽說過，並且文化程度越高，聽說的居民越多，而大專以下文化程度的只有不到半數人聽說過；從個人月收入來看，收入越高對習近平總書記提出的「中國夢」越瞭解，說明收入越高的居民對國家政策方面越關心。（詳見圖10-圖12）

5. 最早在哪裡聽到關於習近平總書記「中國夢」的宣傳。

目前瞭解關於習近平總書記提出的「中國夢」主要管道是電視的新聞節目，不同調查管道的資料都占到45%以上。大粵網調查結果顯示：58.52%的居民是通過電視的新聞節目瞭解，35.03%的居民是通過網路瞭解（詳見圖13）。由此說明關於習近平總書記提出的「中國夢」的宣傳管道仍然過於單一和集中。

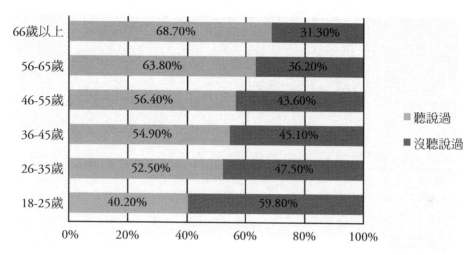

圖10　不同年齡受訪者對習近平總書記提出的「中國夢」的認知情況

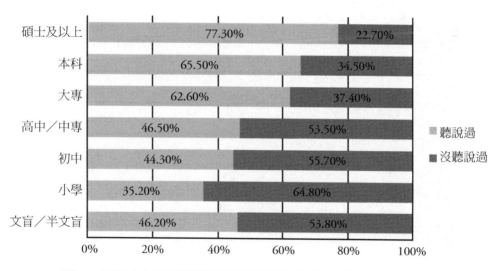

圖11　不同文化程度對習近平總書記提出的「中國夢」的認知情況

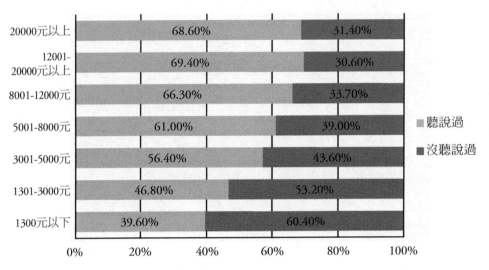

圖12　不同個人月收入受訪者對習近平總書記提出的「中國夢」的認知情況

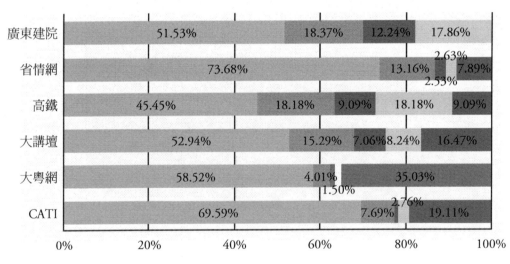

圖13　最早在哪裡聽到關於習近平總書記提出的「中國夢」

從相關性分析來看，年齡、文化程度、個人月收入與「您最早是從哪裡聽到關於習近平總書記『中國夢』的宣傳」的選擇呈顯著相關性。

對年齡、文化程度、個人月收入進一步交叉分析發現，年齡越大，通過電視新聞節目瞭解「中國夢」宣傳的居民越多；文化程度碩士及以上和大專學歷的居民通過電視新聞節目瞭解「中國夢」宣傳的相對更多；個人月收入二萬元以上的高收入人群和月收入五千零一至八千元的白領人群通過電視新聞節目瞭解「中國夢」宣傳的相對更多。（詳見圖14-圖16）

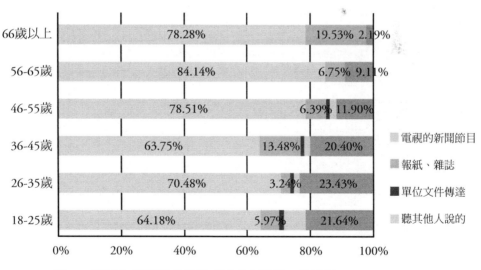

圖14　不同年齡受訪者最早聽說「中國夢」的管道

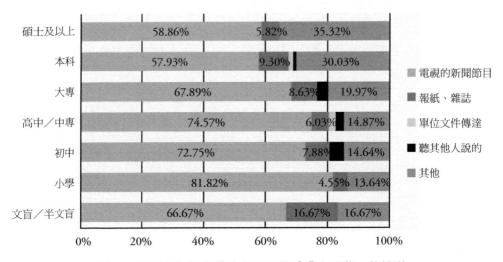

圖15　不同文化程度受訪者最早聽說「中國夢」的管道

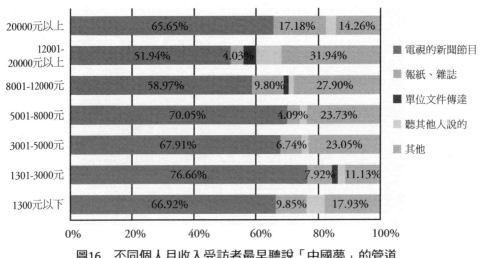

圖16　不同個人月收入受訪者最早聽說「中國夢」的管道

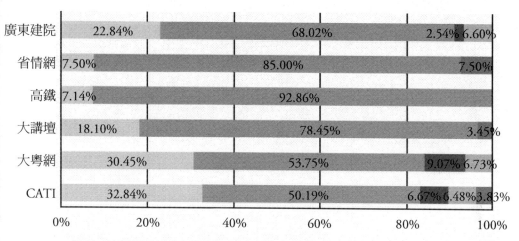

■ 這是一個理想境界，但實現起來是很困難的

■ 是一個為了凝聚國民，增加國家向心力的價值觀的宣傳

■ 空想，沒有實現的可能

■ 與我好像沒什麼關係

■ 其他

圖17　關於「中國夢」的個人看法

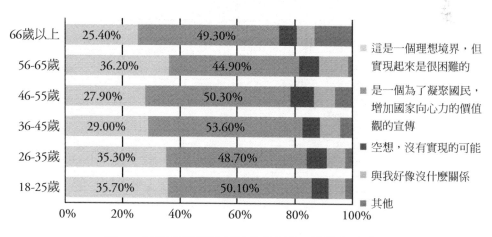

圖18　不同年齡受訪者對「中國夢」的個人看法

6. 關於「中國夢」的個人看法。

對於「中國夢」全省超過半數人認為是一種為了凝聚國民，增加國家向心力的價值觀的宣傳；特定小範圍人群對這一看法的認同率更高，如高鐵訪問資料達到92.86%；而大粵網的線民則只有53.75%對這一種看法表示認同。（詳見圖17）

對年齡進一步交叉分析發現，年齡在36-45歲的居民對「中國夢」更能理解、看法更積極一些，其次是18-25歲和46-55歲的居民。（詳見圖18）

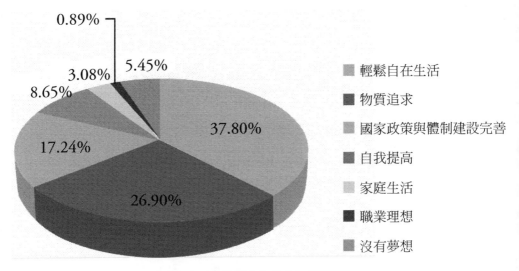

圖19　居民個人工作生活的夢想

（二）追夢：「中國夢」與個人夢想的關係

7. 您的夢想。

關於個人工作生活的夢想，接近四成居民希望過上輕鬆自在的生活，26.90%的居民夢想是物質追求，17.24%的居民希望國家政策與體制建設能更完善一些，僅8.65%的居民對自我提高有內在追求，另外值得注意的是還有5.45%的居民沒有夢想。（詳見圖19）

在個人夢想為「輕鬆自在生活」的居民中，有94.98%的居民希望「有穩定的工作，家庭平安、健康、快樂、和睦」，其他居民的夢想為「旅遊」、「做自己喜歡的事情」、「睡到自然醒」、「移民國外」等。

在個人夢想為「物質追求」的居民中，70.48%的居民希望能提高收入，15.20%的居民夢想是買房買車，13.00%的居民夢想是過上小康生活。

在個人夢想為「國家政策與體制建設完善」的居民中，55.67%居民的夢想是國家快速穩定發展，20.96%居民的夢想是中國體制和政策能更加完善，14.78%的居民希望房價、物價能降低，其他居民的夢想為「有好的社會保障及福利制度」、「食品能安全健康」等。

在個人夢想為「自我提高」的居民中，56.85%的居民希望「事業有成、工作出色」，其他居民的夢想為「創業」、「提高自己的能力」、「做一些自己做不到的事情」、「考上大學」、「考取職稱」等。

在個人夢想為「家庭生活」的居民中，73.08%的居民希望「孩子長大有出息」，26.92%的居民夢想是「找女朋友、娶妻生子」。

在個人夢想為「職業理想」的居民中，提到最多的職業是歌手，其次為老師和醫生，廚師、設計師、總統、員警、軍人、文學家、藝術家等職業都曾被提及。

8. 實現個人夢想最重要的條件。

在實現個人夢想最重要的條件選擇上，廣東省居民的態度比較樂觀。據全省隨機CATI資料，73.64%認為需要通過個人努力與意志，選擇「出身決定一切」的僅占10.06%，其他三項選擇的比例差不多；而大講壇訪問和省情網訪問的資料顯現更為樂觀，80%以上都選擇了「個人努力與意志」；大粵網線民的態度相對悲觀一些，僅47.63%選擇「個人努力與意志」，並且有45.73%選擇「出身決定一切」。（詳見圖20）

從相關性分析來看，性別、年齡、戶籍、文化程度與「您覺得以下哪個是實現個人夢想最重要的兩個條件」的選擇呈顯著相關性。

對性別、年齡、戶籍、文化程度進一步交叉分析發現，男性和女性對於實現個人夢想的條件選擇上大部分都認為「個人努力與意志」是最重要的條件，不過除此之外女性更看重「機會和運氣」，而男性更看重「國家政策」；對於個人夢想的實現條件，年輕人偏向於「個人努力與意志」和「機會和運氣」，老年人則偏向於「國家政策」和

「國家經濟的發展」；從戶籍屬性來看總體差別並不大，但常住人口比起戶籍人口和暫住人口選擇「出身決定一切」的更多；從學歷上看，中等學歷的居民對個人夢想的實現更為樂觀，而碩士及以上學歷選擇「出身決定一切」的最多，表現較為悲觀。（詳見圖21-圖24）

9. 「中國夢」與個人夢想之間的關係。

對於「中國夢」與個人夢想之間的關係絕大部分人是協調統一的，但也仍有小部分人認為兩者沒有什麼關係。全省隨機CATI資料顯示11.98%的居民認為兩者之間沒有關係；而大粵網的線民對此更為消極，22.37%認為沒有關係。（詳見圖25）

從相關性分析來看，性別、年齡、職業與「對於『中國夢』與個人夢想之間的關係，您認為以下哪種描述更為恰當」的選擇呈顯著相關性。

對性別、年齡、職業進一步交叉分析發現，女性比男性更能將「中國夢」與個人夢想協調統一起來；老年群體比年輕群體更能將「中國夢」與個人夢想協調統一起來；離退休群體和學生群體更能將「中國夢」與個人夢想協調統一起來，另外值得注意的是10.80%的公務員認為「中國夢」與個人夢想沒有關係。（詳見圖26-圖28）

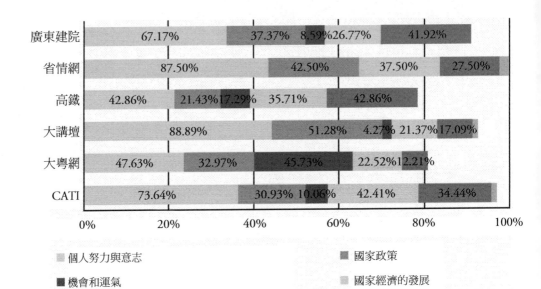

圖20 實現個人夢想最重要的條件

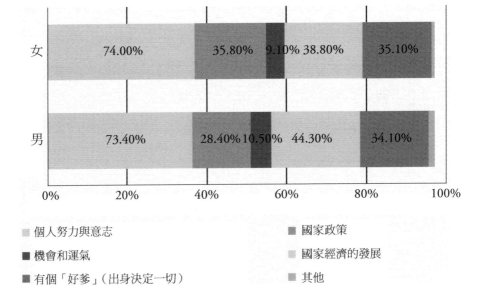

圖21 不同性別受訪者認為實現個人夢想最重要的條件

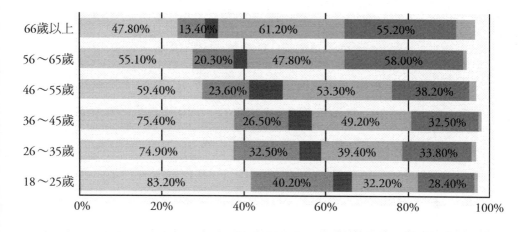

圖22 不同年齡受訪者認為實現個人夢想最重要的條件

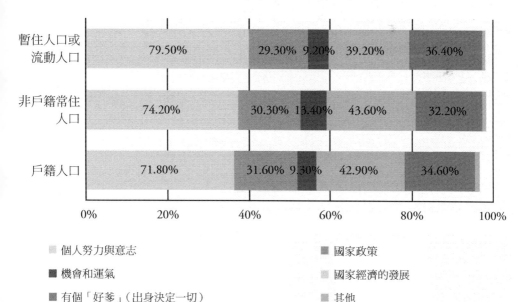

圖23 不同戶籍狀況受訪者認為實現個人夢想最重要的條件

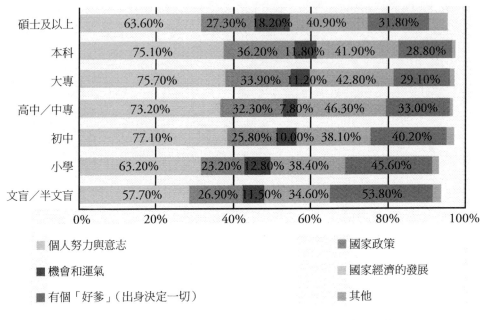

圖例:
■ 個人努力與意志　　　　　　　■ 國家政策
■ 機會和運氣　　　　　　　　　■ 國家經濟的發展
■ 有個「好爹」（出身決定一切）　■ 其他

圖24　不同文化程度受訪者認為實現個人夢想最重要的條件

（三）圓夢：「中國夢」的實現

10.「中國夢」能否實現。

對「中國夢」能否實現，大部分人持保留樂觀態度，認為克服掉一些阻礙因素的情況下可以實現。全省隨機CATI資料顯示，70.93%的居民持保留樂觀態度，18.46%的居民持樂觀態度，6.42%的居民持消極態度，總體來看比較樂觀；其他特定人群中，只有省情網受訪者態度比較消極，35.00%認為不可能實現。（詳見圖29）

從相關性分析來看，年齡、文化程度與「對於『中國夢』的實

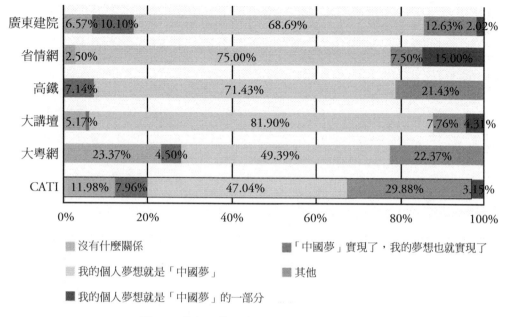

圖25 「中國夢」與個人夢想之間的關係

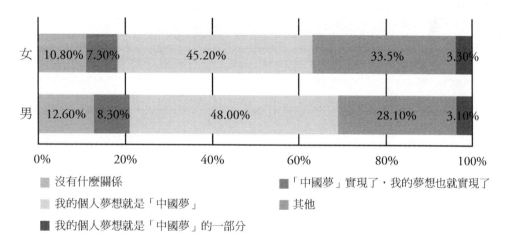

圖26 不同性別受訪者「中國夢」與個人夢想之間的關係

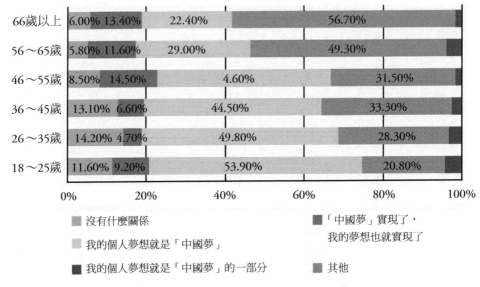

圖27　不同年齡受訪者「中國夢」與個人夢想之間的關係

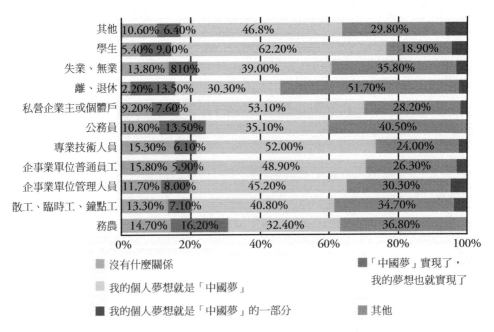

圖28　不同年齡受訪者「中國夢」與個人夢想之間的關係

現，您認為以下哪種說法更符合您的想法」的回答呈顯著相關性。

對年齡、文化程度進一步交叉分析發現，對「中國夢」的實現四十五歲以上年齡的居民明顯比45歲以下年齡的更為積極；文化程度越高，對「中國夢」的實現所持的態度越悲觀。（詳見圖30-圖31）

11. 實現「中國夢」的阻礙因素。

對於實現「中國夢」的阻礙因素，居民認為主要是貪污腐敗，其次是法制不健全和社會嚴重不公。由於該題在不同調查管道操作上存在差別，CATI為單選，其他方式都是多選，因此不同方式的調查結

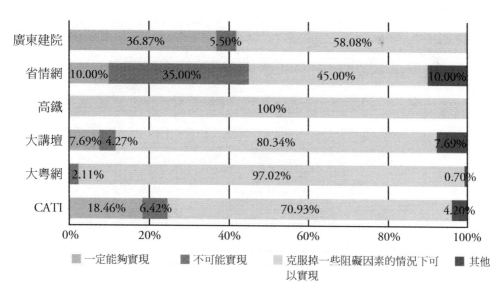

圖29　「中國夢」能否實現

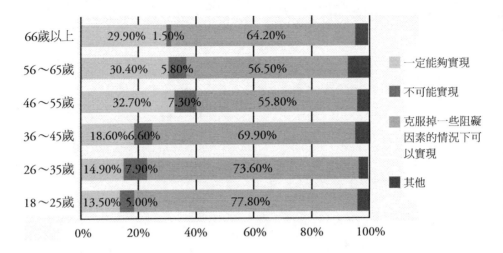

圖30　不同年齡受訪者對「中國夢」能否實現的看法

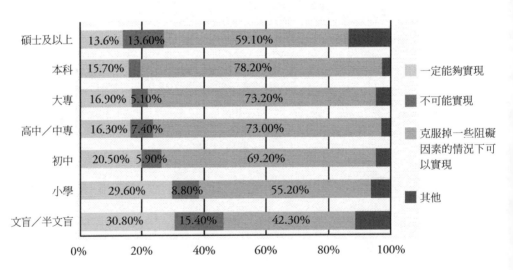

圖31　不同文化程度受訪者對「中國夢」能否實現的看法

果可比性不強，但所有資料都超過50%的受訪物件認為貪污腐敗是阻礙「中國夢」實現的主要因素。（詳見圖32）

從相關性分析來看，文化程度、個人月收入對「您認為哪些因素會阻礙『中國夢』的最終實現」的回答呈顯著相關性。

對文化程度、個人月收入進一步交叉分析發現，文化程度中等的更多人認為貪污腐敗會阻礙「中國夢」的最終實現，文化程度低等和高等的反而貪污腐敗的選擇率更小；個人月收入二萬元以上的高收入人群和月收入五千零一至八千元的白領階層對貪污腐敗的選擇率更高一些，達到半數。（詳見圖33-圖34）

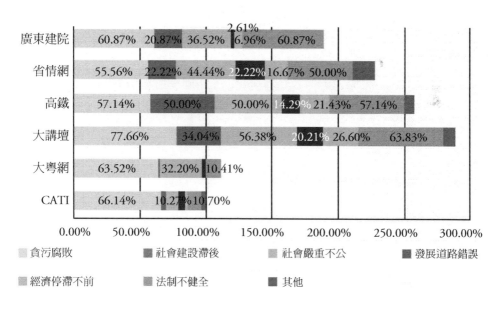

圖32　實現「中國夢」的阻礙因素

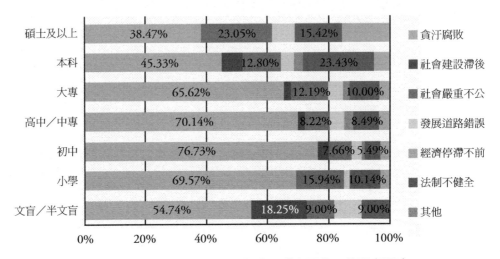

圖33　不同文化程度居民認為實現「中國夢」的阻礙因素

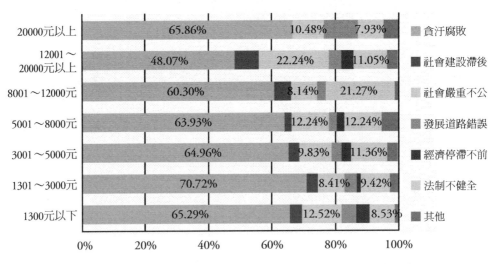

圖34　不同個人月收入居民認為實現「中國夢」的阻礙因素

附表一:不同調查方式選擇頻率表

	電訪	大粵網	大講壇	高鐵	省情網	廣東建院
一、請問您聽說過「中國夢」這個說法嗎? 聽說過	52.53%	96.81%	93.16%	85.71%	97.50%	100.00%
沒聽說過	47.47%	3.19%	6.84%	14.29%	2.50%	0.00%
經濟快速、穩定地發展	10.93%	2.80%	1.83%	33.33%	0.00%	19.70%
實現社會、人民、環境等各方面的和諧	19.74%	24.93%	20.18%	16.67%	17.95%	18.69%
二、請問,您所了解的「中國夢」是指甚麼?(單選) 國家富強、民族振興、人民幸福	49.00%	65.76%	66.06%	50.00%	76.92%	51.52%
國家、人民的幸福	11.05%	4.43%	7.34%	0.00%	2.56%	6.57%
實現共產主義	6.35%	2.10%	1.83%	0.00%	0.00%	3.54%
其他	2.94%	0.00%	2.75%	0.00%	2.56%	0.00%

續上表

	電訪	大粵網	大講壇	高鐵	省情網	廣東建院
三、對於上面介紹的習主席提出的「中國夢」的宣傳，請問您以前聽說過嗎？（單選） 聽說過	51.36%	96.4%	72.65%	78.57%	95.00%	99.49%
沒聽說過	48.64%	3.60%	27.35%	21.43%	5.005	0.51%
四、您最早是從哪裡聽到關於習主席「中國夢」的宣傳呢？（單選） 電視的新聞節目	69.59%	58.52%	52.94%	45.45%	73.68%	51.53%
報紙、雜誌	7.69%	4.01%	15.29%	18.18%	13.16%	18.37%
單位文件傳達	0.84%	0.79%	7.06%	9.09%	2.53%	12.24%
聽其他人說的	2.76%	1.50%	8.24%	18.18%	2.63%	17.86%
網路		35.03%				
其他	19.11%	0.14%	16.47%	9.09%	7.89%	0.00%
五、對於「中國夢」，您個人更認同以下哪種說法？（單選） 這是一個理想的境界，但實現起來是很困難的	32.84%	30.45%	18.10%	7.14%	7.50%	22.84%
是種為了凝聚國民，增加國家凝聚心力的價值觀的宣傳	50.19%	53.75%	78.45%	92.86%	85.00%	68.02%

續上表

	電訪	大學網	大講壇	高鐵	省情網	廣東達院
五、對於「中國夢」，您個人更認同以下哪種種說法？（單選） 空想，沒有實現的可能	6.67%	9.07%	0.00%	0.00%	0.00%	2.54%
與我好像沒有關係	6.48%	6.73%	0.00%	0.00%	0.00%	6.60%
其他	3.83%	0.00%	3.45%	0.00%	7.50%	0.00%
六、您覺得以下哪個是實現個人夢想最重要的兩個條件？（限選兩項） 個人努力與意志	73.64%	47.63%	88.89%	42.86%	87.50%	67.17%
機會和運氣	30.93%	32.97%	51.28%	21.43%	42.50%	37.37%
有個「好爹」（出生決定一切）	10.06%	45.73%	4.27%	14.29%	0.00%	8.59%
國家政策	42.41%	22.52%	21.37%	35.71%	37.50%	26.77%
國家經濟的發展	34.44%	12.21%	17.09%	42.86%	27.50%	41.92%
其他	2.28%	0.07%	1.71%	0.00%	5.00%	0.00%
七、對於「中國夢」與個人夢想之間的關係，您認為以下哪種描述更為恰當？（單選） 沒有甚麼關係	11.98%	23.37%	5.17%	0.00%	2.50%	6.57%
我的個人夢想就是「中國夢」	7.96%	4.50%	0.86%	7.14%	0.00%	10.10%

續上表

	電訪	大粵網	大講壇	高鐵	省情網	廣東建院
七、對於「中國夢」與個人夢之間的關系，您認為以下哪種描述更為恰當？（單選） 我的個人夢想就是「中國夢」的一部分	47.04%	49.39%	81.90%	71.43%	75.00%	68.69%
「中國夢」實現了，我的夢想也就實現了	29.88%	22.37%	7.76%	21.43%	7.50%	12.63%
其他	3.15%	0.36%	4.31%	0.00%	15.00%	2.02%
八、對於「中國夢」的實現，您認為以下哪種說法更為符合您的想法。 一定能夠實現	18.46%	0.16%	7.69%	0.00%	10.00%	36.87%
不可能實現	6.42%	2.11%	4.27%	0.00%	35.00%	5.05%
克服掉一些阻礙因素的情況下可以實現	70.93%	97.02%	80.34%	100.00%	45.00%	58.08%
其他	4.02%	0.70%	7.69%	0.00%	10.00%	0.00%
九、那麼您認為哪個因素會阻礙「中國夢」的最終實現呢？ 貪汙腐敗	66.14%	63.52%	77.66%	57.14%	55.56%	60.87%
社會建設滯後	3.22%	1.21%	34.04%	50.00%	22.22%	20.87%
社會嚴重不公	10.27%	32.20%	56.38%	50.00%	44.44%	36.52%

續上表

九、那麼您認為哪個因素會阻礙「中國夢」的最終實現呢？	電訪	大粵網	大講壇	高鐵	省情網	廣東建院
發現道路錯誤	4.09%	2.02%	20.21%	14.29%	22.22%	2.61%
經濟會停滯不前	2.18%	1.21%	26.60%	21.43%	16.67%	6.96%
法制不健全	10.70%	10.41%	63.83%	57.14%	50.00%	60.87%
其他	3.39%	0.48%	9.57%	7.14%	16.67%	0.00%

附表2：背景資料情況表

		電訪	大粵網	大講壇	高鐵	省情網	廣東建院
(1) 性別	男	66.23%	81.95%	39.32%	50.00%	50.00%	66.67%
	女	33.77%	18.05%	60.68%	50.00%	50.00%	33.33%
(2) 請問您的年齡大致在甚麼範圍呢？	18~25	26.11%	18.63%	88.89%	0.00%	20.00%	98.48%
	26~35	32.72%	47.58%	1.71%	50.00%	27.50%	1.01%
	36~45	22.59%	23.48%	2.56%	42.86%	22.50%	0.00%
	46~55	10.19%	7.30%	4.27%	0.00%	17.50%	0.51%
	56~65	4.26%	2.25%	1.71%	7.14%	7.50%	0.00%
	66歲以上	4.14%	0.75%	0.85%	0.00%	5.00%	0.00%

續上表

		電訪	大粵網	大講壇	高鐵	省情網	廣東建院
(3) 請問您的戶籍是？	當地戶籍人口	63.15%	38.75%	69.57%	50.00%	67.50%	84.78%
	非當地戶籍常住人口（居住半年以上）	19.38%	54.18%	29.57%	25.00%	30.00%	8.15%
	暫住人口（居住半年以下）或流動人口	17.47%	7.06%	0.87%	25.00%	2.50%	7.07%
(4) 請問您的文化程度？	文盲/半文盲	1.60%	1.16%	0.00%	0.00%	0.00%	0.51%
	小學	7.72%	1.77%	0.00%	0.00%	0.00%	0.00%
	初中	21.05%	15.04%	0.00%	0.00%	0.00%	0.51%
	高中/中專/中職	34.81%	32.06%	5.13%	21.43%	5.13%	0.51%
	大專	19.32%	25.53%	2.56%	14.29%	17.95%	96.92%
	本科	14.14%	20.83%	88.03%	57.14%	61.54%	1.54%
	碩士級以上	1.36%	3.61%	4.27%	7.14%	15.38%	0.00%
(5) 請問您的職業是？	務農	4.20%	3.00%	0.00%	0.00%	2.56%	0.00%
	散工、臨時工、鐘點工	6.05%	6.85%	0.00%	0.00%	5.13%	0.00%
	企事業單位管理人員	11.60%	13.34%	0.85%	7.14%	20.51%	0.00%

續上表

		電訪	大粵網	大講壇	高鐵	省情網	廣東建院
(5) 請問您的職業是？	企事業單位普通人員	21.85%	20.47%	3.42%	64.29%	15.38%	0.51%
	專業技術人員	12.10%	22.82%	0.85%	0.00%	23.08%	1.01%
	公務員	2.28%	2.28%	0.85%	0.00%	7.69%	0.00%
	私營企業主或個體戶	16.17%	18.33%	0.00%	14.29%	0.00%	0.00%
	離、退休	5.49%	2.07%	3.42%	7.14%	7.69%	0.00%
	失業、無業	7.59%	4.85%	2.56%	7.14%	0.00%	0.00%
	學生	6.85%	5.85%	88.03%	0.00%	12.82%	98.48%
	其他	5.80%	0.14%	0.00%	0.00%	5.13%	0.00%
(6) 請問您的個人月總收入是多少？	1300元	18.23%	10.61%	84.44%	0.00%	15.38%	91.41%
	1301-3000元	34.73%	27.46%	4.44%	15.38%	15.38%	6.06%
	3001-5000元	25.26%	33.63%	5.56%	69.23%	33.33%	2.53%
	5001-8000元	10.24%	15.26%	2.22%	7.69%	15.38%	0.00%
	8001-120000元	5.93%	7.07%	2.22%	7.69%	7.69%	0.00%
	12001-20000元	2.32%	2.91%	1.11%	0.00%	7.69%	0.00%
	20000以上	3.29%	3.05%	0.00%	0.00%	5.13%	0.00%

二〇一三廣東中國夢問卷調查

尊敬的女士/先生：

您好！

感謝您參加本次民意調查活動。此次調查目的是瞭解公眾對「中國夢」概念的認知情況，為政府改進工作提供參考。

請根據您的實際感受，在相應序號位置處填「○」，如無特殊說明，均為單選。根據《統計法》的規定，問卷中涉及的所有個人及家庭的資料將嚴格保密。

非常感謝您的參與！

廣東省省情調查研究中心

二〇一三年五月

一、請問您聽說過「中國夢」這個說法嗎？（單選）

　　A. 聽說過

B. 沒聽說過

二、提到「中國夢」，請問您首先會想到什麼？

- -

三、（針對第一題選A的受訪對象）請問，您所瞭解的「中國夢」是指什麼嗎？（單選）

A. 經濟快速、穩定地發展

B. 實現社會、人民、環境等各方面的和諧

C. 國家富強、民族振興、人民幸福

D. 國家、人民的幸福

E. 實現共產主義

F. 其他（請注明）＿＿＿＿＿＿＿＿＿＿

（概念解釋：向受訪物件簡單地描述「中國夢」的概念，然後繼續以下的詢問）

- -

概念：

　　十八大後，二○一二年十一月二十九日，習近平帶領新一屆中央領導集體參觀中國國家博物館「復興之路」展覽時提到：實現中華民族偉大復興，就是中華民族近代以來最偉大的夢想。

　　實現全面建成小康社會、建成富強民主文明和諧的社會主義現代化國家的奮鬥目標，實現中華民族偉大復興的中國夢，就是要實現國家富強、民族振興、人民幸福，既深深體現了今天中國人的理想，也深深反映了我們先人們不懈奮鬥

追求進步的光榮傳統。

四、對於上面介紹的習近平總書記提出的「中國夢」的宣傳，請問您以前（本次訪問之前）聽說過嗎？

　A. 聽說過

　B. 沒聽說過

五、（針對第四題選A的受訪對象）您最早是從哪裡聽到習近平總書記的「中國夢」的宣傳呢？（單選）

　A. 電視的新聞節目

　B. 報紙、雜誌

　C. 單位檔傳達

　D. 聽其他人說的

　E. 其他（請注明）＿＿＿＿＿＿＿＿＿＿＿

六、對於「中國夢」，您個人更認同以下的哪一種說法？（單選）

　A. 這是一個理想境界，但實現起來是很困難的

　B. 是一種為了凝聚國民，增加國家向心力的價值觀的宣傳

　C. 空想，沒有實現的可能

　D. 與我好像沒什麼關係

　E. 其他（請注明）＿＿＿＿＿＿＿＿＿＿＿

七、對您個人的工作生活來說，您的夢想是什麼？

八、您覺得以下哪個是實現個人夢想最重要的兩個條件？（限選兩

項）

A. 個人努力與意志

B. 機會和運氣

C. 有個「好爹」(出身決定一切)

D. 國家政策

E. 國家經濟的發展

F. 其他（請注明）＿＿＿＿＿＿＿＿＿＿

九、對於「中國夢」與個人夢想之間的關係，您認為以下哪種描述更為恰當？（單選）

A. 沒有什麼關係

B. 我的個人夢想就是「中國夢」

C. 我的個人夢想就是「中國夢」的一部分

D. 「中國夢」實現了，我的夢想也就實現了

E. 其他（請注明）＿＿＿＿＿＿＿＿＿＿

十、對於「中國夢」的實現，您認為以下哪種說法更符合您的想法。

A. 一定能夠實現

B. 不可能實現

C. 克服掉一些阻礙因素的情況下可以實現

D. 其他（請注明）＿＿＿＿＿＿＿＿＿＿

十一、（針對第十題回答C的被訪物件詢問）那麼您認為哪些因素會阻礙「中國夢」的最終實現呢？

A. 貪污腐敗

B. 社會建設滯後

C. 社會嚴重不公

D. 發展道路錯誤

E. 經濟停滯不前

F. 法制不健全

G. 其他（請注明）_____

調查物件基本資料（以下資料保密，僅供統計之用）

（1）性別：1. 男　　2. 女

（2）年齡：1. 18-25歲　　2. 26-35歲　　3. 36-45歲

　　　　　4. 46-55歲　　5. 56-65歲　　6. 66歲以上

（3）戶籍：1. 戶籍人口

　　　　　2. 非戶籍常住人口（居住半年以上）

　　　　　3. 暫住人口（居住半年以下）或流動人口

（4）文化程度：1.文盲/半文盲　　2. 小學　　3. 初中

　　　　　　　4. 高中/中專/中職 5. 大專　　6. 本科

　　　　　　　7. 碩士及以上

（5）職業：1. 務農

　　　　　2. 散工、臨時工、鐘點工

　　　　　3. 企事業單位管理人員

　　　　　4. 企事業單位普通員工

5. 專業技術人員

6. 公務員

7. 私營企業主或個體戶

8. 離、退休

9. 失業、無業

10. 學生

11. 其他（請注明）：

（6）個人月收入：1. 1300元以下　2. 1301-3000元

3. 3001-5000元　4. 5001-8000元

5. 8001-12000元　6. 12001-20000元

7. 20000元以上

後記

　　自習近平總書記提出中國夢以後，這個詞成為國內外熱議的一個詞，也成為中國經濟社會發展的一個關鍵字。二〇一四年，習近平總書記訪歐期間，向世界明確了中國夢是追求和平的夢、追求幸福的夢、奉獻世界的夢。

　　在從傳統社會向現代社會轉型的過程中，中國夢以對歷史和現實的深刻把握，強化了中國特色社會主義發展道路的認識，明確了未來三十年的奮鬥目標，深化了對中國社會發展規律的自覺尊重，強調了中國現代化發展的價值方向，昇華了我們黨領導中國基本實現社會主義現代化的執政理念，激發了中華民族的昂揚意志，描繪了中華民族美好的未來，為中國的進一步改革開放和現代化發展樹立了精神的旗幟。

　　深刻理解和全面把握中國夢的重大意義、基本內涵、本質屬性、重要遵循和根本保障，對引導全省人民為實現中華民族偉大復興中國夢和廣東「三個定位、兩個率先」的總目標而不懈奮鬥具有重要的指導意義。為此，中共廣東省委宣傳部從二〇一三年六月開始，在全省廣泛組織開展「共築中國夢」百姓宣講教育活動。為配合此活動，在中共廣東省委宣傳部講師團的指導下，廣東省省情調查研究中心組織

編撰了《中國夢是什麼》一書。

全書共六章，用通俗易懂的語言闡述了中國夢的基本內涵、重大意義、本質屬性，並以中華民族近百年走過的歷史道路為鑑，指出了實現中國夢的重要遵循和根本保障，同時用生動活潑的例子展現了廣東人如何敢為人先，在這一片熱土上實現自己的夢想。

書後附錄了廣東省省情調查研究中心的《廣東省居民對「中國夢」概念認知情況調查報告》，該調查是省內反應最快的關於中國夢的民意調查之一，旨在真實瞭解廣東省居民對中國夢的認知現狀，為省委、省政府開展中國夢教育宣傳工作提供決策參考。

感謝暨南大學黨委書記蔣述卓教授、廣東外語外貿大學副校長董小麟教授、廣東廣播電視大學李義豐副教授對本書的內容與編寫提供了寶貴意見。

感謝廣東省省情調研中心專家顧問鄭梓楨教授，廣東省委黨史辦盧荻教授，廣東省社會科學院夏輝副教授、劉勇副教授、鄧江年副教授為本書各部分的審閱、修正、纂補做了大量工作。

《廣東省情內參》編輯部為本書的編輯、整理、寫作付出了辛勤的勞動。第一、二、三章由劉光金撰寫，第四章由劉勇撰寫，第五章由謝桂青、楊曉雯撰寫，第六章由王靜、肖慧、宋海嘯撰寫。廣東省社科聯主席田豐為本書提出了指導意見，廣東省社科院陳實教授承擔了全書的統稿工作。

附錄中的調查報告由廣東省省情調研中心王璐、王小琴執筆，整個《二〇一三廣東中國夢問卷調查》得到騰訊大粵網和廣東建設職業技術學院的積極支持與協助。

　　廣東人民出版社從本書的策劃、編撰到出版，都給予了大力支持和細緻指導，保證了本書的品質。

　　可以說，本書是對中國夢的一次集體解讀，在此，對關心和支援本書編輯出版的領導、單位和個人一併衷心致謝。

　　由於時間短促，思想和技術水準有限，本書錯誤與疏漏之處無可諱言，敬請讀者批評指正，並望廣大讀者對全書所述有嚶鳴之愛。

編　者

昌明文庫・悅讀中國　A0607032

中國夢是什麼

作　　者	《中國夢是什麼》編寫組
版權策畫	李煥芹
責任編輯	呂玉姍
發 行 人	陳滿銘
總 經 理	梁錦興
總 編 輯	陳滿銘
副總編輯	張晏瑞
編 輯 所	萬卷樓圖書股份有限公司
排　　版	菩薩蠻數位文化有限公司
印　　刷	百通科技股份有限公司
封面設計	菩薩蠻數位文化有限公司

出　　版　昌明文化有限公司

桃園市龜山區中原街 32 號

電話 (02)23216565

發　　行　萬卷樓圖書股份有限公司

臺北市羅斯福路二段 41 號 6 樓之 3

電話 (02)23216565

傳真 (02)23218698

電郵 SERVICE@WANJUAN.COM.TW

大陸經銷

廈門外圖臺灣書店有限公司

電郵 JKB188@188.COM

ISBN 978-986-496-396-6

2019 年 3 月初版

定價：新臺幣 300 元

如何購買本書：

1. 轉帳購書，請透過以下帳戶

合作金庫銀行 古亭分行

戶名：萬卷樓圖書股份有限公司

帳號：0877717092596

2. 網路購書，請透過萬卷樓網站

網址 WWW.WANJUAN.COM.TW

大量購書，請直接聯繫我們，將有專人為您

服務。客服：(02)23216565　分機 610

如有缺頁、破損或裝訂錯誤，請寄回更換

版權所有・翻印必究

Copyright©2019 by WanJuanLou Books CO., Ltd.

All Right Reserved　　　　Printed in Taiwan

國家圖書館出版品預行編目資料

中國夢是什麼 / <<中國夢是什麼>>編寫組著.
-- 初版. -- 桃園市：昌明文化出版；臺北
市：萬卷樓發行, 2019.03
　　冊；　　公分
ISBN 978-986-496-396-6(平裝)

1.經濟發展　2.中國大陸研究

552.2　　　　　　　　108002846

本著作物由廣東人民出版社有限公司授權萬卷樓圖書股份有限公司(臺灣)出版、發行
中文繁體字版版權。